El viaje de mi vida

Copyright © 2015 por María Rebeca Arredondo González.

Número de Control de la Biblioteca del Congreso de EE. UU.: 2015911978
ISBN: Tapa Dura 978-1-5065-0296-0
  Tapa Blanda 978-1-5065-0295-3
  Libro Electrónico 978-1-5065-0352-3

Todos los derechos reservados. Ninguna parte de este libro puede ser reproducida o transmitida de cualquier forma o por cualquier medio, electrónico o mecánico, incluyendo fotocopia, grabación, o por cualquier sistema de almacenamiento y recuperación, sin permiso escrito del propietario del copyright.

Las opiniones expresadas en este trabajo son exclusivas del autor y no reflejan necesariamente las opiniones del editor. La editorial se exime de cualquier responsabilidad derivada de las mismas.

El texto Bíblico ha sido tomado de la versión Reina-Valera © 1960 Sociedades Bíblicas en América Latina; © renovado 1988 Sociedades Bíblicas Unidas. Utilizado con permiso.
Reina-Valera 1960™ es una marca registrada de la American Bible Society, y puede ser usada solamente bajo licencia.

Información de la imprenta disponible en la última página.

Fecha de revisión: 02/02/2016

Para realizar pedidos de este libro, contacte con:
Palibrio
1663 Liberty Drive
Suite 200
Bloomington, IN 47403
Gratis desde EE. UU. al 877.407.5847
Gratis desde México al 01.800.288.2243
Gratis desde España al 900.866.949
Desde otro país al +1.812.671.9757
Fax: 01.812.355.1576
ventas@palibrio.com

El viaje de mi vida

*La vida es un viaje en el que
todos somos pasajeros*

MARÍA REBECA ARREDONDO GONZÁLEZ

"EL VIAJE DE MI VIDA"

por

María Rebeca Arredondo Gonzáles

(Cuando recién empezaba mi viaje)

"Yo sé que mas de una de las circunstancias por las que yo pasé y que aquí relato, te será familiar, pues seguramente ya la habrás experimentado en tu propia vida. Hay un poder divino que se reproduce a través de la oración y está siempre al alcance de cada corazón, mediante el cual puedes llegar a tener, indudablemente, resultados similares, diferentes o tal vez superiores a los que obtuve yo. Tú eres la vasija de ese poder. Pero de que esa vasija esté llena o vacía depende solamente de ti."

Prólogo

Los seres humanos tendemos a ser refractarios a enfrentar aquello que no percibimos con claridad. El no tener control sobre lo que no podemos percibir nos hace sentirnos en desventaja, porque se deshace la visión de controlar el futuro.

Permítanme abrirles la puerta para que conozcan una vida maravillosa, vivida por una persona aún más maravillosa, que en su vida diaria atravesó peligros y pruebas muy dolorosas. En esa su guerra diaria nunca sucumbió, nunca perdió su bienestar, físico y espiritual.

Se asombrarán, sufrirán y al final del capítulo sonreirán admirando esa entereza de mujer fuerte, mujer extraordinaria que supo vencer situaciones con un valor inmensurable y fe inquebrantable, que con valor y sabiduría aceptó lo que la vida le deparaba. Ese valor y sabiduría los encontró en la confianza absoluta en un Ser Supremo, pero no confianza que sucumbe y se transforma en una triste resignación. En ella es una confianza inteligente, consciente, que fue creciendo y madurando dentro de ella hasta convertirse en lo que es ahora, un ser humano cuya sola presencia inspira armonía y amor.

Con estas sus memorias nos ha dejado un legado, un manual de inspiración, de fortaleza que da la certidumbre de que se debe vencer aunque todo a nuestro alrededor vaticine lo contrario.

Cuando terminen de leer este regalo que María Rebeca Arredondo nos hace de sus experiencias, estoy segura que como yo dirán: gracias, muchas gracias..!

María Elena Krauze

Indice

"El girasol siempre ha sido mi flor favorita. Además de su belleza, al amanecer se orienta al este a la salida del sol y continúa girando siguiendo su trayectoria, hasta que el sol se oculta en el poniente. Hay una luz eterna superior a la luz del sol. Imitemos al girasol, conectándonos con esa luz y durante nuestro viaje por la vida toda sombra que enfrentemos será desvanecida."

ÍNDICE

Prólogo..vii
"Como en la playa al pedregal las olas" xv
Dedicatoria xix
Introducción xxiii
Agradecimiento xxix

1. La familia Padilla y mis padres 3
2. Hidropesía y el tumor..9
3. Cleotilde...15
4. El carro y el chofer..23
5. En diligencia hasta Hermosillo 31
6. Los soldados y la niña 37
7. Un murmullo angelical..43
8. Mi prima Cotila..49
9. Por poco y… 55
10. Los deberes dominicales..63
11. La hermana Atkinson 73
12. El primer hijo 83
13. La ofrenda del primogénito...93
14. Enseñanzas a un hijo...105
15. En mis brazos se durmió...115
16. Michi..125
17. Un hecho inexplicable 133
18. Jovenzuelo majadero...141
19. Mi padre, mi héroe 145
20. La alternativa entre saber o no saber.........................157
21. Un encuentro inevitable..161

22. Las visitas de Elsa 165
23. 17 años de servicio gozoso 171
24. Milagros, bendiciones y cuarta generación 175

EPÍLOGO 181

CRÓNICAS DE UN VIAJE INOLVIDABLE {Anexo} 183
Dedicatoria 185
"MI VIAJE A ISRAEL" 189
EL PRESENTE Y EL PASADO DEL PUEBLO
   DEL LIBRO "ISRAEL" 195

Como en la playa al pedregal las olas

"Los rios mas profundos son siempre los mas silenciosos."
Quintus Curtius Rufus (siglo 1 d.c.). Historiador latino.

"Como en la playa al pedregal las olas"

Como en la playa al pedregal las olas,
nuestros minutos a su fin se apuran,
cada uno desplaza al que ha pasado
y avanzan todos en labor seguida.

El nacimiento, por un mar de luces,
va hacia la madurez y su corona;
combaten con su brillo eclipses pérfidos
y el tiempo sus regalos aniquila.

El tiempo orada el juvenil adorno,
surca de paralelas la hermosura
se nutre de supremas maravillas
y nada existe que su hoz no abata.

A pesar de su mano cruel, mi verso
dirá tu elogio en los tiempos que esperamos.

William Shakespeare. (1564-1616)

Dedicatoria

"No podemos detener el viento pero podemos construir molinos"
Proverbio holandés

Dedicatoria

Después de los padres con que la vida me premió, que sin ser perfectos hicieron de mi lo que soy, de aquellos que sin programarse para mi, porque no me esperaban, me dieron su amor, dignidad y respeto abriendo un espacio en sus corazones para recibirme, después de ese inolvidable hogar en el que crecí, y al cual siempre respeté, sin ninguna duda mi mas grande bendición en ésta vida son mis ocho hijos.

Yo, que crecí sola como hija única y deseé siempre alguien de mi sangre a quien amar, veo en mis hijos ese anhelo de amor totalmente cumplido. Muchas cosas que quise para ellos, no fueron todas logradas, dadas las difíciles circunstancias que me acompañaron durante los años de su gradual desarrollo y formación. Algunas de esas cosas se quedaron en anhelos. Por eso sólo me dediqué a cultivar y reforzar, dentro de una sana disciplina, el mas puro amor incondicional por cada uno de ellos. Eso, mas la mano de Dios que siempre me sostuvo, fue lo que me dio la fuerza extra que siempre necesité para salir adelante. De eso pueden mis hijos y los hijos de mis hijos estar totalmente seguros.

Porque los he amado, los corregí cuando era necesario, para evitar que la vida lo hiciera en mi lugar.

Porque los he amado, he hecho parte de mis sagrados e inviolables deberes cotidianos, interceder por cada uno de ellos ante el trono de la gracia.

Porque los he amado, siempre les señalo constantemente la senda antigua de nuestra redención; y en nombre de ese inalterable amor, que yo, su madre les profesa, les dedico éstas notas del viaje de mi vida que he logrado formar con sólo algunas páginas de mis memorias, que aún a mis ochenta y seis años permanecen tercamente unidas a mis recuerdos.

Desde Rubén a Sandra, pasando naturalmente por Pina, Becky, Packy, Ruth, Dinah y Silvia, tomen cada uno de ustedes una octava parte de mi corazón con que su madre les ha amado.

Caminemos siempre unidos en el presente, y siempre expectantes del glorioso mañana que todos esperamos, deseamos y habremos de compartir unidos. Amén

Su Madre que les ama,

María Rebeca Arredondo González

Introducción

"La madurez del hombre es haber vuelto a encontrar la seriedad con la que jugaba cuando era niño"
Friedrich Nietzsche (1844-1900)

Introducción

En éstos días que vivimos en medio de un proceso de avance tecnológico asombroso, son menos aquellos que no han tenido la experiencia de viajar, ya sea por razones de trabajo, de estudio, de paseo, o por motivos personales. Viajar no sólo es disfrutar paisajes mientras se llega al destino. Viajar es también mantener la expectativa de lo que nos aguarda. Conozco personas que en plena vida adulta, habiendo vivido permanentemente en una ciudad determinada, han decidido moverse a otras ciudades lejanas, dentro del mismo país o en algún otro, pero separadas por centenares de kilómetros. Las experiencias han sido varias. La de sentirse aceptados o no, la alimentación, la manera de hablar, de divertirse etc. Las experiencias que los viajes traen consigo pueden llegar a modificar permanentemente el perfil cultural de una persona, especialmente si son viajes de cambios permanentes.

En medio de la vorágine diaria en que se mantiene el ritmo del mundo de hoy, en medio de miles de gentes que se lanzan a las calles, con miles de propósitos diferentes, hacia miles de rumbos diferentes, experimentando miles de problemas diferentes, se escapa de nuestra atención la dimensión espectacular, por única, por importante y por irrepetible de uno de los mas maravillosos viajes en el que todos estamos incluídos, a veces lamentablemente, como viajeros inconscientes. Me refiero "al viaje de nuestra vida."

Así como nosotros no somos seres creados en serie sino expresiones originales y únicas, así también nuestro viaje por la vida es, por un lado, tan increíblemente original y único como percibido a medias. Algo nos dice que vamos de viaje por la vida, pero no somos viajeros concientes. En el mundo cotidiano siempre nuestros viajes nos brindan un renovado sabor único de aventura, sorpresa y expectativa. Pero desafortunadamente el viaje de la vida no siempre es percibido y algunas veces el final nos agarra por sorpresa o se anuncia justo antes de concluir.

En este libro, quise intentar algo que para mi edad no es lo usual: "entreabrir las compuertas de mis recuerdos", y para mi sorpresa descubrí, como aliada de mi intento, una memoria que por lejana ya no recordaba que tenía y que se iba ejercitando a medida que se levantaban de su largo reposo, personas, eventos, lugares y experiencias, que modificaron los rumbos, a veces imprevistos, pero necesarios, que tuve que seguir, durante mi viaje por ésta vida y senderos que tuve que abrir en la espesura de la selva que parecía levantarse en mi entorno, para modificar lo que fuera necesario para seguir adelante pero sin perder de vista mi destino y para sorpresa y bendición mía, mi viaje por la vida, a mis ochenta y seis años, aun continúa. En la balanza de mi vida pesa mas el platillo de las bendiciones que el de las quejas, por ello es que en este libro las quejas no tienen cabida. He sido una viajera afortunada y muy bendecida y son bendiciones y no quejas ni lamentos lo que quiero compartir de manera que tu viaje pueda también ser bendecido mientras continúa. Es pues, este libro, una recopilación incompleta, desde luego, pero coherente de lo que he vivido, una narración de lo que tuve que decidir en circunstancias difíciles y en eso creo que reside justamente su valor. Lo que llena las páginas de mi historia, son en su mayoría, consejos de una abuela que hace ya muchos años fue una joven viajera, y que pasó por diversas circunstancias como las que tal vez estés pasando o hayas pasado tú, y es ésa la intención, que me ha animado a escribir este libro, de que el poder que me permitió y me permite todavía seguir flotando justamente donde otros se han hundido, se manifieste en ti, como se manifestó en mi vida, y te bendiga a ti, a tus sueños, a tus proyectos y a tus seres amados como me bendijo y me sigue bendiciendo. Porque ése poder, que es parte de ti y tu parte de el, está mas allá del tiempo, espacio y movimiento y está hoy tan dinámico y listo para manifestarse en tu vida, como lo estuvo en los años de mi juventud y lo estará por siempre mientras mi viaje dure y aun mas allá. Ese es el anhelo que no está escrito en este libro, pero es el alma que le da vida a cada página que lo forma y no hallé como definirlo con palabras. Yo sé, sin lugar a dudas, que si estás pasando por circunstancias similares a las que yo pasé, puedes obtener indudablemente resultados similares, diferentes o tal vez superiores a los que obtuve yo, a través del poder que se reproduce mediante el recurso de la oración. Tú eres la vasija de ese poder. No hay forma de evitarlo. Pero de que esa vasija esté llena o vacía depende total y solamente de ti. No podemos detener nuestro viaje pero podemos fijarle un destino.

Yo jamás pensé en escribir un libro. No soy escritora, pero una mañana se me ocurrió ejercitar mi memoria y empecé a escribir nombres de amistades valiosas que fueron parte de la fuerza que alguna vez necesité para mantener sin claudicar mi marcha. Recordaba de algunas de ellas sus consejos, de otras su ejemplo de otras mas su amor incondicional hacia mi. Así empezó todo.

Coordinando eventos, lugares, personas y algunos anécdotas divertidos de mis primeros años y las etapas difíciles de mis dudas al enfrentarme a la adolescencia dejando atrás mi niñez para darle cara a los retos que la vida me iba presentando, empezaron a caer, como caen las gotas de lluvia de una techumbre oxidada que empieza a resquebrajar el tiempo, las palabras, las frases y empezaron a llenarse, los renglones, y después las hojas que finalmente le dieron forma a este libro.

Creo que todo libro es un trabajo inconcluso. Es realmente un proyecto que nunca termina de desarrollarse. A veces resulta mas difícil ver como concluirá el autor la historia que allí se narra, que el principio que originalmente lo vio nacer. Yo por mi parte creo que el valor de este libro, no está en las páginas y letras que lo forman. Creo que el valor del libro se lo dará cada persona que alguna vez lo lea, por qué para eso fue escrito. Si al final de la lectura de "El Viaje de mi Vida," encontraste algo que te sea útil, o si fue sólo un ejercicio mas para mantener activa tu mente, de cualquier modo habrás completado tú, el valor de esta modesta obra.

Alguna idea recogida de ésta lectura podría dar a luz a otra o a muchas obras que aumenten un poco mas la luz en medio de nuestro siglo en que la ciencia, el arte y la tecnología, en su asombrosa trayectoria hacia un progreso descomunal, se deslizan acompañados, lamentablemente, por ciertos nubarrones obscuros de egoísmo, que en el juego de la competencia humana, pareciera que nos permiten explorar y conocer un poco mas de lo que nos rodea, a medida que nos alejan mas de nuestro universo interior.

Este siglo pareciera el siglo de un cerebro cultivado, por encima de un corazón olvidado. Como si la velocidad supersónica del progreso hubiera dejado mucho muy atrás la promesa del amor, que es el ingrediente esencial de aquello que somos aparte de nuestro cuerpo. Es allí, en ésa dimensión del tiempo y del espacio que nos ha tocado vivir, donde te espero para comenzar mi historia. Al menos mientras tus ojos recorran estas páginas, seremos compañeros concientes en nuestros respectivos viajes por esta vida.

Agradecimiento

"La gratitud es la memoria del corazón"
Anónimo

Agradecimiento

Mi agradecimiento al maestro Fabián Morales Mancía que dibujó a lápiz las imágenes que aparecen en cada capítulo.

Mi especial agradecimiento a mi hijo Rubén Islas por la redacción del manuscrito original.

Atentamente

María Rebeca Arredondo González

La familia Padilla y mis padres

"Poder disfrutar de los recuerdos de la vida es vivir dos veces."
Marco Valerio Marcial (40-104). Poeta Latino.

La familia Padilla y mis padres

Transitar las calles del Nogales en que viví gran parte de mi vida, le daba a uno a veces la sensación de estar caminando por senderos de ensueño, sobre todo si se comparan aquellos tiempos con los tiempos actuales. Había en aquellos días, una especie de tiempo mas extendido y los días daban la sensación de ser mas anchos y llenos de mas espacios para trabajar, para leer, para divertirte o para descansar.

En mis evocaciones lejanas siento que a la ciudad de mi niñez, adolescencia y juventud, habiendo sido cambiada por el crecimiento, la sobrepoblación y el tumulto que el desarrollo urbano trae consigo, sólo puedo recrearla en mi memoria, respetando el rigor con que el pincel de los recuerdos las hace aparecer de nuevo, en la pantalla de mi mente. Reconstruir lo que ya no existe exige cierto grado de dedicación y esfuerzo, pero con la constancia, la práctica de recrear gran parte de la vida que los años nos van lentamente sustrayendo de nuestra consciencia, nos permite recordar y volver a vivir lo que en la realidad presente ya ha prácticamente desaparecido. De esta manera, el proceso del recuerdo nos permite analizar los eventos que mas se han mantenido frescos en el almacén de la memoria.

Son de especial significado volver a transitar, en el vehículo de la imaginación conciente, las pocas calles de mi tierra cercanas a mi hogar, que en las etapas tempranas de mi vida tenían especial significado para mi.

Estaba por ejemplo la calle Congreso donde estaba la Iglesia, la calle Celaya Num. 23 donde viví hasta que me casé, y donde estaba el antiguo mercadito "El Tepeyac", las calles de nuestras amistades, las calles de los teatros, escuelas, comercios y diferentes establecimientos que ante la perspectiva infantil que empezaba a desarrollarse en mis primeros años, me daba la sensación de que era una especie de universo pequeño que giraba en torno a mi vida y a mi hogar y que en vez de cuerpos y fragmentos intergalácticos, contenía calles, escasas avenidas y muchos senderos y recovecos sin nombre ni señales. De ésos que son inaugurados constantemente por la necesidad de abrirse paso en medio de las deformaciones e irregularidades del terreno y de los cerros ahora mas que nunca superpoblados y que son el adorno mas visible de mi bella ciudad de las bellotas. Muchas son las veces en que aparecen en los hogares de los Nogalenses, como reclamando su antigua propiedad, ahora invadida, ciempiés, serpientes, coyotes y tarántulas, entre otros.!

Una calle en especial aparece tercamente cuando abro las páginas de mis memorias. Vienen entonces invariablemente las palabras de mi madre que tenía el arte de narrar con detalle algunas vivencias que marcaron su vida. Recuerdo la ocasión en que pasando por la cañada de los Héroes, me dijo: "Mira hija, quien lo dijera. Por ésta calle vivía un amigo de tu papá y mío de nombre Mateo Padilla. Era dulcero de profesión. Su esposa Beatriz, también era amiga mía y manteníamos una relación muy cordial y estrecha con esa familia. En ese entonces tu papá y yo no nos conocíamos todavía. Sucedió que un día, en ocasión de un cumpleaños de Mateo, organizaron una fiesta familiar a la que fui invitada. Tu papá también había sido invitado. El no era músico profesional pero de vez en cuando tocaba en el conjunto musical, de cuyos integrantes era amigo muy cercano, cuando amenizaban alguna reunión.

Allí nos presentaron y de inmediato hubo entre nosotros una mutua reacción de simpatía que al paso del tiempo se formalizaría en noviazgo y posteriormente en matrimonio. Así se conocieron mis padres. Tanto Mateo como Beatriz su esposa, formaban una pareja agradable. A mí me tocó en suerte conocerlos. La robusta fisonomía y alta estatura de él, contrastaban con el físico frágil, aunque armonioso, de su feliz consorte. Su bien merecida fama como dulcero y su esmerado trabajo por asegurar la calidad de sus exquisitos productos le habían dado una posición económica estable, gozaba de muchos amigos y era, además una de las principales bujías que alimentaba el alma de las fiestas, cuando hacia gala de su natural sentido del humor.

Ya casados mis padres, continuaron frecuentando por algún tiempo a la familia Padilla que tan importante papel jugó en la vida de los que formarían mi destino.

La visión que conservo pues de mi querida ciudad, es la de una ciudad de pocas calles y muchas veredas sinuosas que se abrían paso por los cerros y mas cerros que forman en su mayor parte el hábitat de una inmensa mayoría de los Nogalenses. Todo ello me trae recuerdos variados que vuelcan de nuevo a mi memoria hacia mis primeros años para volver a vivir, no como aventurera del pasado, sino como una turista que pasea sus recuerdos entre las imágenes que flotan en el río sin tiempo de la vida.

Hidropesía y el tumor

"El poder de los cielos para sanar tu alma y tu cuerpo te pertenece, pero si no lo sabes, no lo tienes"
Neburi42 (1948......)

Hidropesía y el tumor

Al abordar este momento, he de retroceder unos años en el tiempo en la secuencia de mi historia que mi madre a petición mía me contó una y otra vez. Sucedió aproximadamente a mediados del año de 1927, cuando mi madre, ya formalizado el compromiso con el que sería mi padre, vivió un episodio de su vida que sacudió literalmente los cimientos de su crianza, de sus creencias y de todo lo que hasta entonces había construido como protagonista central de su propia historia. Ese día en especial, había sido pleno de alegrías. Después de muchos años de no verse, mi madre se reencontraba con algunas de sus primas muy queridas que vivían en los Ángeles, California. Acordaron reunirse en la casa de una tía de mi madre, la tía Nieves casada con uno de los pioneros de el Heroico Cuerpo de Bomberos de la ciudad de Nogales don Francisco, "El Zorrillo" Fuentes. Tenían su hogar en el número 1 de la Calle del Cerro, a unos cuantos pasos de la línea fronteriza que separa a las ciudades de Nogales Sonora, y Nogales Arizona, a la que todos los nogalenses llamábamos siempre "el otro lado"

El reencuentro fue emocionante, y las horas transcurrieron muy de prisa, a la velocidad del tiempo, cuando el tiempo es bueno. Así, las felices primas y algunas amigas mas que se habían citado para el esperado reencuentro, no pensaban en las horas que se deslizaban sin hacer ruido, pero el tiempo pasaba y después de degustar los exquisitos platillos preparados por la tía Nieves, las primas se despidieron prometiendo encontrarse de nuevo al día siguiente.

Mi madre, en compañía de unas primas y una amiga llegó a su casa cansada pero feliz. Había sido un encuentro deseado por mucho tiempo y que tras múltiples peripecias vividas por las viajantes al fin se había hecho realidad. Se disponía a descansar cuando un intenso dolor se le instaló al lado izquierdo de su cabeza que por poco la hace perder el conocimiento. Al llevarse las manos a su rostro en un inútil intento desesperado como queriendo "atrapar el dolor," gritó con todas sus fuerzas: "Santa Rita cúbreme…!" Acto seguido se desplomó pesadamente en la cama ante el estupor de quienes presenciaban este inesperado suceso. Los días siguientes fueron un infierno. El dolor cejaba por momentos para resurgir doblemente intensificado haciendo imposible la vida para mi madre. Y por si esto fuera poco, se dio cuenta con espanto que el ojo izquierdo se había desviado marcadamente a la derecha mirando fijamente el ala izquierda de su nariz.

Empezaron los tediosos estudios dentro del limitado marco de la medicina de aquellos años. Los medicamentos que parecían no dar ningún alivio, eran combinados con los remedios que las bien intencionadas amistades recomendaban a la enferma pero sin ningún resultado. El cuadro era sencillamente desolador. De pronto parecía que el cielo pintaba el horizonte de la vida de mi madre de un color gris que amenazaba algo que aparte de perturbador, y muy grave, podría ser fatal.

En su lecho de enferma pasaba las horas rogando a Dios, mientras que al mismo tiempo agradecía las visitas, que sin duda bien intencionadas eran a veces inoportunas y prolongadas, de los que iban a verla y a tratar de consolarla. Llegó por fin el diagnóstico: hidropesía y un posible tumor cerebral que exarcevaba la ya de por si deteriorada situación de la querida enferma.

Mi madre era una mujer de carácter fuerte. No se amilanaba con facilidad ante las adversidades de la vida. Sabía sacar la energía y la fuerza extra cuando era necesario. Y a pesar de que parecía un inagotable dinamo de poder, el súbito ataque a su salud estaba diezmando visiblemente sus fuerzas. "Santa Rita, imploraba, cúbreme y devuélveme la salud.! Tal parecía que los cielos permanecían sordos. No era, después de todo lo única enferma desesperada que tenía que empezar a resignarse ante el silencio de los cielos a sus desesperados ruegos. Seguramente pensaba habría muchos mas en igualdad de circunstancias sino peores, arropados por el manto de la impotencia y la desesperación como ella lo estaba.

Volvían de nuevo las visitas, entre ellas las primas que llegaron un día a despedirse de ella. Las vacaciones habían terminado y tenían que regresar presintiendo que el epílogo a la vida de su querida prima se acercaba veloz. Los días se hacían cada vez mas lentos. Volvieron mas remedios y los remedios se iban sin haber hecho efecto. Las medicinas demostrando su ineficacia, fueron gradualmente olvidadas. Mientras mi padre, Gonzalo, la visitaba con frecuencia y pasaba el tiempo de su visita cabizbajo y tomando café, tratando de controlar en silencio, junto a los demás que allí se encontraban, la creciente ansiedad de la desesperanza. Solo quedaba esperar el milagro implorado que parecía cada vez mas incierto y lejano, o el final, que parecía ya merodear la habitación en que la enferma yacía.

Fue allí donde empezó a cubrir la parte izquierda de su rostro para ocultar el deformante desvío de su ojo del mismo lado. Cada vez era mas difícil reconocer los rasgos finos de su rostro antes de que la enfermedad hiciese su aparición.

Las llamas de las velas seguían ardiendo frente a las imágenes, mientras que la luz de la esperanza languidecía, lentamente pero sin detenerse.

Cleotilde

"Lo imposible para la razón, es posible para la fe
Neburi42 (1948……)

Cleotilde

Un día una inesperada visita llegó. Era una amiga de la familia que ya sabía de la gravedad de mi madre. Se acercó cautelosa, no solo por el desolador cuadro que presentía, sino pensando en cómo abordar el mensaje que a la enferma le traía.

La visitante en cuestión no era otra que Cleotilde, una joven mujer hermana del que sería mi padre adoptivo. Las vidas de mi madre y de Cleotilde tenían trayectorias diferentes. Mi madre tenía una familia integrada por su madre, su padrastro de origen chino de nombre Martín Mar que hablaba un muy fluido cantonés y un muy pobre español, el necesario para darse a entender, y sus medios hermanos, Manuel. Alfonso, Francisco, Antonio, (el "Tony" mar que llegó a ser campeón nacional de boxeo por los años 30 del siglo pasado), Enriqueta y Lupita que con el paso del tiempo, todos ellos se convirtieron en mis tíos, con quienes tuve una relación afectuosa, cálida y marcadamente familiar.

Siempre mantuvo la familia de mi madre una permanente unidad y armonía, mismas que giraban en torno a la figura de su madre de nombre también Cleotilde Martínez de Mar, a quien cariñosamente todos llamábamos "Mamà Tilita", que sin siquiera imaginarlo, la trama del destino la había elegido a ella para ser, ni mas ni menos, que mi querida abuela y a mi, por su muy querida y consentida nieta.

En cambio la familia de Cleotilde, la inesperada visitante tenía una historia un poco distinta. De origen humilde habían sufrido desde muy jovencitas la falta de sus padres que fallecieron a una edad relativamente jóvenes. Cleotilde se había asentado en Nogales, Sonora y había conocido a mi madre en virtud a la recién iniciada relación entre su hermano Gonzalo y mi Madre. Eran sus hermanos, Francisco, Esther, Concepción, Amelia y Herlinda que con el tiempo serían mis tíos por la línea paterna. Los traté lo suficiente aunque la convivencia fue escasa. Viviendo yo en Nogales, y ellos en California, Estados Unidos, la frecuencia en el trato era prácticamente imposible solo de vez en cuando nos veíamos haciendo nuestros convivios familiares intensos aunque muy esporádicos.

Por aquellos tiempos, Cleotilde era una hermosa mujer joven, curtida por la vida y a diferencia de la crianza de mi madre de origen muy marcadamente católico, Cleotilde y su familia de origen también católico, observaban, en lo que a tradición religiosa se refería, una tendencia mas bien liberal. Sus esfuerzos eran dirigidos a la sobrevivencia, dado que la vida que les había tocado vivir era dura y flotar en medio de ese mar, requería sacrificio constante, trabajo y disciplina. Curtida en ese molde, Cleotilde era reservada, un poco desconfiada aunque de ademanes finos y agradable sonrisa. Su innata inteligencia y agradable presencia aunada a su figura delgada, alta y bien proporcionada le habían abierto paso en la selva de la vida pues con cierta facilidad hacía amistades y era bienvenida a donde quiera que iba.

La tarde en que Cleotilde se dirigía a visitar a mi madre, cavilaba y pensaba, "debería de haber alguna forma de decirle a Josefina que su mal podría tener una increíble y sencilla solución. Si solo Josefina la oyera y se decidiera a hacer lo que ella le quería decir, no tenía por que morir." Pero las buenas noticias que llevaba como el punto mas importante de tan extraño mensaje, tenían un tropiezo muy grande que enfrentar. Este era el de las profundas raíces religiosas de Josefina y su familia. La razón que en el fondo animaba a Cleotilde era, no tanto lo que ella había oído de un caballero muy particular, venido de California solo por unos cuantos días, sino lo que ella misma había visto y oído en las noches que tenía asistiendo a las reuniones que tenían lugar en el Teatro Lírico de Nogales, Arizona. Solo pedía este señor, de nombre Francisco Olazábal, ocho noches de asistencia para oír lo que tenía que decir y explicar a los enfermos y después, la novena noche, era la noche increíble donde los males se diluían, como las sombras de una habitación al ser la luz encendida. Gonzalo, su hermano y pretendiente de mi madre, habiéndose enterado de éstas reuniones le dijo, "Tila, trata de convencerla, si tu haz visto que otros son sanados porque Josefina no..?" Ella le respondió: "lo haré Gonzalo, lo haré." Cleotilde abrió lentamente la puerta de la habitación donde Josefina luchaba por sobrevivir. El aroma a alcohol, a remedios, lociones y emplastos, se mezclaban con el olor que desprendían las llamas votivas consagradas a Santa Rita, a la Virgen de Guadalupe y al Sagrado Corazón de Jesús. Cleotilde le extendió su mano, "soy Cleotilde, le dijo, la hermana de Gonzalo". Mi madre al verla tomó rápidamente un lienzo que estaba al alcance de su mano, se cubrió el ojo desviado que desfiguraba su antes hermoso rostro y comenzó a llorar. Cleotilde no dijo nada. Se quedó en silencio, mirándola con compasión, mientras pensaba: "Si sólo pudiera decirle las cosas como ellos las dicen, o hacer las plegarias como ellos las hacen", pero solo acertó a decir: "Ordena mis pensamientos Oh Dios, aclara mis ideas, Oh poderoso Dios del Señor Olazábal para que Josefina acepte ir y vaya y vea lo que yo he visto y sea sanada con tu poder sanador cuando ese Señor ponga en ella sus manos. Amén".

Después de un rato de silencio, mientras una mujer lloraba y la otra construía con esfuerzos una de sus primeras oraciones, Josefina se descubrió su rostro. Cleotilde se sobresaltó. El otrora bello rostro de Josefina estaba desapareciendo dejando lugar a las marcas del dolor y sufrimiento producido por la enfermedad... "Tila, le dijo, me estoy muriendo. Muchas gracias por venir a verme. Siento que muy pronto todo esto acabará." "Es insoportable este dolor." Cleotilde misma se sorprendió sin saber de donde le salieron éstas palabras: "Escúchame Josefina, es posible que todo acabe, pero no tu vida. Vengo a hablarte de una oportunidad extraordinaria en que tu salud puede ser totalmente recuperada y volver a vivir una vida sana y normal." Mi madre se estremeció al oír esa noticia tan inesperada, y antes de que pudiera pronunciar una sola palabra, Cleotilde continuó: "se trata de un curandero espiritual, le dijo, y al decirlo se dio cuenta de lo acertado que había sido dejar salir la palabra "curandero" pues cualquier insinuación con otras creencias diferentes a las suyas, hubiera dado por cerrado el caso. Cleotilde continuó: "estoy aquí para pedirte que tu también vayas. Estoy segura que ese poder te puede sanar a ti también. Si aceptas, yo y Gonzalo vendremos por ti, déjame saber tu decisión a tiempo." Cleotilde hizo un intento de despedirse pero mi madre la tomó del brazo fuertemente y le dijo: "Esta noche los espero Cleotilde. Estaré lista a tiempo."

El valor de creer y cambiar

Nadie se imaginaba la historia increíble que estaba por escribirse en la vida de una mujer que ayudada por dos personas, se deslizaba con dificultad paso a paso, con un vestido largo que casi le llegaba a los tobillos, un abrigo, pues era invierno de 1927 y en su cabeza una pañoleta de seda fina y el punto mas sobresaliente de tan improvisado atuendo era que siendo de noche ella llevaba puestos unos lentes oscuros. La multitud le abrió paso para que llegara a los asientos especialmente destinados para los enfermos. Esa mujer era mi madre. Después de casi seis semanas de luchar desde su lecho de enferma por su vida, ahora sin saberlo, esa noche se enfrentaría a quien se la había dado.

Lo que escuchó la primera noche de acuerdo a muchas anotaciones de su puño y letra que aun guardamos, fue, algo mas o menos así: "En algún punto de su brillante exposición el conferencista decía:

Muchos enfermos luchan por su vida para recuperar su salud, mientras hay otros que con plena salud del cuerpo, rechazan la vida y hay algunos que hasta se la quitan.!

Que es lo que le da valor a la vida..? preguntó y a continuación él mismo trajo la respuesta: "El propósito sobre el cual gira la vida, eso es lo que le da valor. Muchos de los enfermos aquí presentes, me dirían que sí quieren salud, que sí quieren vivir y es por ello que esta noche están aquí. Pero si yo les preguntara para qué quieren vivir, la mayoría encontraría que la respuesta que yo les pido está muy lejos de mi inesperada pregunta. Porqué? dijo el curandero, porque todos quieren vivir pero no todos saben para qué vivir. En este mundo, continuó el Sr. Olazábal, hay seres que con plena salud física, con fortuna y cuando el porvenir parece sonreírles, encuentran la vida insípida, sin sentido, y la rechazan y aún otros víctimas de la tristeza, angustia y depresión, llegan incluso hasta el suicidio! Pero hay otros seres para los cuales su vida y la vida de los demás es demasiado valiosa. Es considerada por ellos como lo que es: un don del cielo. Un regalo del Dios de amor. Tal es el caso de aquellos, dijo, que aún con el sufrimiento intenso de su cuerpo físico, pueden, sonreír, otros pueden perdonar, otros en el umbral de la muerte física, pueden pensar en el amor incondicional y en beneficiar a otros. Tal es el caso de un hombre del que les vengo a hablar esta noche se llama Jesús!! El impacto de las palabras del curandero que no era otro que el Rev. Francisco Olazábal, se dejaba sentir entre todos los presentes, y aún la atmósfera que llenaba el lugar de la reunión parecía llena de una fuerza extrañamente agradable, positiva como si algo inmaterial, pero lleno de la fuerza de la vida eterna se moviera por allí en rítmicas ondulaciones. Algo como una energía fuera de lo habitual.

El resultado de ésta primera noche, decía, la que después seria mi tía Tila Peña, fue que las noches siguientes, Josefina estaba lista y esperando impaciente nuestra llegada desde el medio día. La reunión comenzaba a las 7:30 de la noche.!

El carro y el chofer

"El sol siempre saldrá cada día sin tu ayuda"
Talmud

El carro y el chofer

Bajo este ingenuo título, se encerraba tal vez una de las mas grandes enseñanzas impartidas **por el Rev. Olazábal.** Sobre este tema mi madre escribió: En alguna de las noches siguientes, el brillante conferencista dijo: "Por hermosos que sean el diseño, la marca, la construcción y la avanzada tecnología de un automóvil nunca será mas valioso que el chofer que lo maneja. Porque el primero (el automóvil) es obra conducida por el Segundo (o sea el chofer). En un accidente automovilístico, los socorristas y los que voluntariamente se apresuran a llevar auxilio, no piensan jamás en las condiciones en las que queda el auto. No piensan en lo valioso del auto, ni en la marca, ni en el diseño del auto. No, jamás..!! Todos piensan en salvar al que va o a los que van adentro. Hay quienes no manejan sus autos responsablemente y se ven en medio de graves accidentes. Pues bien, todos nosotros somos como los conductores (lo que está adentro es el alma, lo valioso), que vamos conduciendo un auto (que es nuestro cuerpo). Si el alma, (el chofer) está desconectada de su creador y diseñador, entonces es seguro que el auto que conduce, (el cuerpo), se vea envuelto en un accidente o problema repentino, (enfermedades y trastornos físicos, emocionales o mentales.) Dios también ve siempre lo esencial, lo valioso, lo que está dentro de nuestros cuerpos, **el alma.** Si se corrige el alma se puede corregir lo que aflige al cuerpo.

Qué valor tendría corregir un auto, componerlo y renovarlo sin saber la habilidad del conductor? Sin la habilidad de un buen conductor el auto reconstruido se vuelve a descomponer.! Es por ello que en éstas ocho reuniones preliminares Dios quiere **sanar tu alma** que es lo importante, porque su destino es eterno. El cuerpo enfermo es importante pero es secundario, porque es temporal, una vez sanada tu alma, la victoria sobre la enfermedad física que te aqueja, puede ser totalmente manifestada." La octava noche fue increíble, escribió mi madre. Este Señor que es un gran orador dijo: "Esta noche Jesús reclama tu alma y a cambio de ello garantiza la salud de tu vehículo material (tu cuerpo). Yo sé, dijo, que es muy grave y muy serio lo que estoy diciendo. Pero no lo afirmo yo, lo que están ahora ustedes escuchando ha venido haciendo eco en los confines de este mundo por mil novecientos veintisiete años. Está escrito en este libro.

En este libro, recalcó, por la voluntad de Dios su palabra se ha convertido en letra para que revises lo que tiene para ti cada vez que lo desees!

Aquí está tu "ticket al infinito", "tu pasaporte a la eternidad". Y a continuación dijo: "Yo sé que hay muchas personas buenas aquí, pero estoy anunciando una herencia espiritual que no tiene precio, que es de un incalculable valor y necesito ver ahora mismo que personas inteligentes y valientes que quieran arrebatar ahora mismo la herencia que les pertenece firmada con sangre por Jesús, pasen al altar." Se vio de repente una gran multitud pasando a recibir su herencia espiritual, aún antes de la invitación formal. Algunos iban serios arrugando la frente, otros mordiéndose los labios, otros llorando, pero ninguno indiferente.

Una mujer enferma con lentes obscuros, con una pañoleta de seda fina en su cabeza que por enfrente casi le cubría medio rostro y de caminar despacio, se agarró fuertemente de los brazos de Gonzalo y de Cleotilde que estaban a su lado y lentamente se unió a la muchedumbre con rumbo al altar, era mi madre.

"Por favor repitan conmigo," dijo el Rev. Olazábal: "Mi cuerpo está enfermo Señor Jesús, pero primero quiero que sanes mi Alma. Reconozco que he pecado contra ti, contra mi mismo y contra mis prójimos. Reconozco que soy un pecador y ahora veo claramente que tu hijo Jesucristo pagó con su sangre en la cruz del calvario toda la maldad que se alojaba en mi alma. Acepto ahora Oh Dios, ése pago y me declaro libre de toda deuda en nombre del amor infinito con que me haz amado. Acepto a Jesús en mi corazón por todos los días de vida que me quieras conceder. Amén.! gracias Señor.!"

Unas personas anotaron los nombres y direcciones de todos los que pasaron al frente, después de lo cual regresaron a sus asientos.

Josefina, en silencio, no dejaba de llorar, pero en su rostro se dibujaba una extraña sonrisa de sereno gozo, que antes no tenía. Algo se había activado dentro de su corazón, estaba lista desde la primera noche para el milagro que sucedería en la noche novena y justamente esa noche era la víspera, solo que ahora estaba totalmente segura de lo que le esperaba al día siguiente.

La sanidad de mi madre fue total. Pero creo que aunque el milagro físico que la aquejaba no se hubiera realizado, ella estaría de cualquier forma feliz. Lo esencial había sido totalmente logrado. Yo y mis hijos y seguramente los hijos de mis hijos, mas de una vez habrán de posar sus ojos en una Biblia grande y muy particular, que es como un tesoro familiar adquirida por mi madre por aquellos años en que fue salvada y sanada.

Es una Biblia gigante, de letra grande y muy legible. Al abrirla se lee, escrito por mi madre, de su puño y letra debajo de la fotografía de un respetable caballero: "Rev. Francisco Olazábal. Mi padre en el evangelio." La sanidad de mi madre fue seguida por años de desarrollo espiritual y en la comprensión mas profunda del recién descubierto poder que no solo le regresó íntegramente su salud física sino que, al enfrentar cara a cara el mensaje del Evangelio encontró la seguridad de que su vida había sido totalmente renovada y con ello había cambiado también el propósito de su existencia y el rumbo al que ahora era dirigida su esperanza. La cruz dejó de ser el símbolo de dolor y muerte, para convertirse ahora en un trofeo de victoria: la victoria de la muerte de la muerte..! Su inseparable Biblia está llena de anotaciones personales, señalando párrafos y versículos que fueron especiales para ella durante sus muchos años de dedicado estudio.

Mi padre por su parte continuó asistiendo junto con mi tía Tila y mi madre a las reuniones que se extendieron por algunos días mas en el Teatro Lírico. El, de carácter reservado, era un hombre dedicado al trabajo. Obligado por la vida de tan escasas oportunidades en la que se crió, desarrolló un sentido de la disciplina y del deber muy marcados.

Era un hombre que hacía honor a su palabra y a los compromisos que llegara a contraer. No se imaginaba que en una de las noches finales también el pasaría por una experiencia muy particular. Esa noche, el predicador disertó sobre el tema de la salvación. No era nada nuevo para él. Algo había ya escuchado en las noches anteriores.

Pero resulta que la prédica no giraba sobre el conocido dogma del Salvador que le era familiar, sino que giraba en torno a aquellos por los que él había sido sacrificado. Decía mi padre, que a medida que describía la condición del ser humano que vive alimentando el deseo de recibir sólo para sí mismo, y alejado del deseo de recibir a fin de compartir, en medio de tanta ambición desmedida, de tanta corrupción, de tantos vicios que empobrecen el alma y generan el sufrimiento y el deterioro familiar causando dolor enfermedad y muerte, empezó a sentir que gran parte de aquellos adjetivos que fluían de la inspiración del predicador Olazábal describían algunos rasgos de su propia vida, que él creía plena y colmada de la manera como se había acostumbrado a vivirla. De repente la recia coraza que cubría su personalidad comenzó a desmoronarse. Una fuerza superior parecía desvestirle de su recio carácter forjado en la mas dura disciplina, lejos de sentimentalismos ligeros y fáciles de manipular.

Se vio de repente sólo con su mísera y pobre condición humana ante la infinita presencia del amor de Dios. Primero sintió que algo andaba mal en su garganta, decía siempre al recordar esos momentos cruciales de su vida. Se quiso levantar y abandonar el lugar, pero algo superior a él lo retuvo allí sentado. La incomodidad se exacerbó aún más, cuando sintió como una piedra atorada en su garganta.

No era fácil ni mucho menos cómodo, lidiar con ésa situación. "No te quedes contemplando lo que estas percibiendo dentro de ti". La voz surgía del micrófono, como cuando las autoridades quieren despejar un área de desastre, para evitar que halla víctimas. "Es posible, -continuaba- que la realidad de tu vida a la que ahora te enfrentas te grite que vales poco. Cierra tus oídos a esa voz, esa voz no viene del corazón de Dios, la voz de Dios hoy te dice que por amor dio a su hijo para que muriera en tu lugar. Esta es una cuestión de honor, no te puedes dar nomás por enterado así como así." "Debes hacer algo para que los cielos vean que ésa muerte no fue en vano." "Tendrías el valor de ponerte de pié y caminar al encuentro con tu nueva vida.? Te espera el perdón. Hay una mano herida extendida hacia ti que te espera, no la dejarás allí verdad.? Parte de esa sangre que brota de sus heridas la vertió también por ti y para ti…"

Eso ya era demasiado. Gonzalo mi padre decía que no podía quedarse sentado allí, así nomás, llorando entre dos mujeres.

Llorar era algo inusual en él. Aún cuando algunos años atrás, sufrió la pérdida de su querida madre Rosita a la que amaba entrañablemente, y sintió el dolor profundo de su muerte, lloró, pero se pudo controlar, pues siendo el primogénito, era el encargado de realizar todos los trámites fúnebres que fueran necesarios. Pero hoy lloraba por su propia vida, no podía entender como un desconocido venido de California, podría describir tan bien algunos pormenores de su propia realidad personal, basado sólo en la lectura de un libro negro que no se despegaba de su mano. Era la Biblia.

Gonzalo mi padre de repente se puso de pié de un sólo salto, y lentamente comenzó a caminar junto a muchas personas hacia el altar. No se percató que junto a el dos mujeres le seguían en silencio, llorando pero de felicidad, sabían muy bien por las que el estaba pasando y disfrutaban con anticipación el inevitable momento que se avecinaba. Muchas veces mi padre contaba toda o parte de esta historia y siempre terminaba diciendo: "yo no sabía llorar pero allí Dios me hizo aprender. Lloré primero al tener que enfrentar a quien realmente yo era, muy diferente del que yo creía ser, y después lloré mucho de felicidad al experimentar el inicio de mi nueva vida. Desde entonces he llorado alguna vez, decía, pero jamás con la intensidad de ese momento en que en el Teatro Lírico de Nogales, Arizona se presentó la oportunidad de un entrevista que no me podía perder: la entrevista con el que estaba cambiando en ese mismo momento mi vida y mi destino: Jesús."

"Esa noche llegué a mi casa, decía, con las piezas del rompecabezas de mi vida que me hacían falta: una cruz… un monte…unas manos… unos clavos."

Sin yo imaginarlo, pues era aún una recién nacida, Dios estaba preparando un hogar para mi que no podía haber sido mejor, bajo la guianza de unos padres cuyas vidas renovadas por el poder del Amor de Dios estaban listas para guiar con amor la mía bajo el mas precioso y perfecto de los moldes en que una vida humana se puede forjar, moldeando, construyendo y mejorando el carácter y el destino del ser humano. Yo desde estas líneas bendigo su memoria.

"A solo un año de edad, aprendiendo a orar por mis alimentos"
Dijo el Sabio Salomón: "Instruye al niño en su carrera
y aun cuando fuere viejo no se apartara de ella."

En diligencia hasta Hermosillo

"Envejecer es inevitable, madurar es opcional"
(Anónimo)

En diligencia hasta Hermosillo

Era la primavera de Abril de mil novecientos treinta y cinco. Habíamos decidido ir mi madre y yo a mi querida ciudad de Hermosillo a visitar a mis tíos y a mi mamá Tilita, mi querida abuela. El viaje ofrecía siempre cierto tipo de encanto. La emoción de viajar durante las madrugadas nogalenses casi siempre frías en cualquier época del año quitaban de inmediato cualquier deseo de seguir tendido sobre la cama. La emoción de viajar con mi mamá era superior a la comodidad de la cama y a las ganas de seguir durmiendo. No obstante el silencio que afuera reinaba, había algarabía, bullicio y movimiento dentro de la casa. "Apúrate María," decía cada cierto tiempo mi mamá, "nos va a dejar la diligencia." "Ya voy mamá," le respondía tratando de esmerarme en el equipaje con lo escencial y tratando de ahorrar cada minuto a fin de que el tiempo no se pusiera en contra nuestra. La buena distribución del tiempo y los minutos adelantados con nuestras bien administradas prisas, nos permitieron, tomar una tasita de café con uno de los "burritos" preparados por mi madre para el lonche, en el camino. La expectativa, y la alegría del viaje, llenaban de encanto y magia cada minuto, y a pesar de haber dormido muy poco, salíamos de la casa llenas de energía, sería, tal vez, lo que algunos llaman "la renovación que da al alma un viaje feliz."

Casi a punto de abrir la puerta de madera que daba acceso a la calle, me dijo mi mamá lo de costumbre: "cúbrete bien hijita, hace frío afuera." Quise decirle: "si mamá," pero mi voz no se escuchaba, una gorra, una bufanda, un suéter y sobre el suéter un abrigo grueso, sobre la ropa regular que vestía, impedían que mis palabras se escucharan. Mi madre volteó hacia mi y al verme tan bien entrapajada sonrió y abriendo las puertas de nuestra casa, salimos a la calle. Qué contraste pensaba yo...! Nosotras dentro con nuestro trajín y afuera todo en silencio, con el manto de la noche cubriendo el descanso de los que allí dormían...

Mi padre, que había sido el primero en levantarse y encender la estufa de leña, poner el café y calentar el pan que mi madre había horneado la noche anterior, ya estaba, desde unos quince minutos de anticipación, calentando el motor de nuestro carro, un Ford modelo 32 casi del año, en excelentes condiciones. Subimos nuestras maletas y emprendimos el viaje a la terminal de "las diligencias," especie de carros equipados con espacio para maletas y algunos asientos extras para los pasajeros, algunos años antes que fueran desplazadas por la primera línea de autobuses, "Transportes Norte de Sonora" que llegó después a Nogales.

Llegar a la terminal de las diligencias, era la continuación a gran escala de la intensa actividad que la vida adquiría allí dentro. Las largas filas para comprar los boletos y la red marañosa de una conversación sobre cualquier cosa para matar el tiempo esperando nuestro turno. Por fin tuvimos los boletos en nuestras manos, y después pasamos a formarnos en la línea indicada para abordar nuestra diligencia. Tras esperar unos cuantos minutos nos ubicamos en nuestros respectivos asientos. La vieja diligencia empezó lentamente a retroceder, mientras mi madre y yo le decíamos adiós a mi padre.

Después de unos cuantos minutos, yo había diseñado ya una nueva posición en mi asiento apoyando mi cabeza en el regazo de mi madre. Después de empezar el viaje, ambas dormitábamos, anticipando la llegada feliz. Cómo estaría mi tía Lupita y mi primo René..? Y mi mamá Tilita…? Ah, no iba a dejar que mi primo René, el hijo único de mi tía Lupita, me la ganara. Quería ser yo la primera en abrazarla y besarla en cuanto la viera. Ojala René no vaya a recibirnos pensaba yo, porque él siempre quiere ser el primero y va a tratar de ganarme a mi mamá Tilita. Iría mi tía Queta..? Posiblemente no, su esposo estaría descansando al llegar nosotras, él trabajaba siempre muy de madrugada, me había dicho mi mamá, y yo pensaba, para mis adentros: las madrugadas para viajar son hermosas, pero para trabajar deben ser insoportables.!

Si alguna vez se hubiese eliminado del itinerario de Nogales a Hermosillo, el paso por las estaciones que había distribuidas en nuestra ruta y en las que se hacía un alto obligado, el encanto del viaje habría prácticamente desaparecido. Llegar a un poblado pequeño pero de gran actividad, casi a la mitad de la distancia a Hermosillo, hacía que la diligencia que nos transportaba se detuviera allí por unos instantes. Cada ventanilla, era materialmente inundada por docenas de manos y voces de tonos variados, ofreciendo, tamales, tamales calientitos, de carne, de frijol, de chile con papas… "Aquí marchanta!, quesadillas, quesadillas!!!.." Por allá alguien gritaba: "taquitos de papas sabrosos.!"

Este grito en especial tenía su encanto propio. Había en cada pueblo ese delicioso bocadillo, entre muchos más, que era y es aún famoso por sus quesadillas deliciosas recién cocinadas. Los pasajeros ya preparados para comprarlas pedían su buena ración para comer allí o para llevar a su destino.

Por fin, después de casi cinco horas de viaje, oímos al conductor decir: Hermosillo...! Hermosillo...! Mi madre de inmediato dijo: María mi hijita, despierta ya llegamos, mira ya estamos en Hermosillo. El ver a Hermosillo, mi ciudad natal, extendida y libre de todos los cerros que abundan y se yerguen en todas direcciones en la fronteriza ciudad de Nogales, era como para no querer dejarla jamás. A pesar de mis escasos seis años, miraba con alegría y dejaba siempre con nostalgia, a Hermosillo, mi querida ciudad de los naranjos. El encanto de Hermosillo siempre me robaba parte de mi corazón y nunca fue ni ha sido fácil para mi salir de allí. Al detenerse la diligencia, el fluido de mis pensamientos fue interrumpido. Mientras algunos de los 6 u 8 pasajeros se estiraban, otros ya se hallaban de pié buscando sus pertenencias. Mi madre y yo decidimos esperar a que la diligencia se vaciara un poco y mientras, buscábamos con vehemencia a nuestros seres queridos. No fue difícil identificarlas casi de inmediato. Mis dos tías, Lupita y Enriqueta, estaban allí saludándonos y sonrientes agitaban sus manos sin parar. Pero faltaba alguien, alguien muy especial para mi... Súbitamente oí que una persona había subido al camión y saludaba a mi mamá, "Josefina, mi hija...!!" Reconocí inmediatamente esa voz y al darme vuelta vi en su rostro la mas hermosa sonrisa llena de amor y de vida, y antes de que ella pudiera hablar y no obstante que la tenía muy cerca de mi, grité a todo pulmón: "Mamá Tilita..! y me arrojé a sus brazos."era ya muy cerca del medio día."

Yo con mis queridos padres. Ellos fueron la bendición con la que me recibió la vida.

Los soldados y la niña

"La voz de un niño a veces es la voz de Dios y en el adulto de bien, Dios habla através del ejemplo"
Neburi42. (1948......)

Los soldados y la niña

El resto del día fue de diversión familiar. La frase de "que hermosa y grande está ya la niña," la oí decenas de veces y me parecía cómico escuchar de gente diferente la misma expresión. Como lo bueno pasa pronto, mucho antes de lo que me imaginaba el cansancio del viaje, y la desvelada me vencieron y fuera de lo acostumbrado el sueño me empujó a la cama y allí quedé hasta el día siguiente. Como siempre ya despierta me quedaba acurrucada con mi mamá esperando un ansiado silbido. René mi primo por su parte tampoco dormía y desde su recámara también aguardaba muy alerta ese silbido del amor con que mi mamá Tilita acostumbraba llamarnos. Por fin, escuchar el silbido fue mas largo que brincar de la cama y lanzarnos mi primo y yo junto a mi mamá Tilita que sonriente ya nos esperaba. Era como un ritual al empezar cada día. Nos contaba cuentos reíamos y después de un rato nos íbamos a la cocina a desayunar lo que ella amorosamente había preparado. El nuevo día salía primero despacio y después sin darnos cuenta nos sorprendía el sol brillando en todo su esplendor. Mi mamá Tilita había ido a su recámara de donde volvió preparada para salir, y desde luego me invitó a ir con ella. Había comprado años atrás unas casitas junto a lo que después sería el cuartel de la IV Zona Militar y las rentaba a algunas familias de los soldados que allí se hallaban asignados. Mi mamá Tilita y yo vimos venir al güero Jiménez en su carreta jalada por dos caballos y como era amigo de la familia, ofreció llevarnos. Subimos a la carreta. La sensación de ésta experiencia volvió a alegrar mi corazón. Cuando la marcha de los caballos que la jalaban se hacía mas apresurada sentía temor, pero el brazo de mi mamá Tilita, alrededor de mi, ahuyentaba todo miedo y volvía a sentirme segura y de nuevo disfrutaba la pequeña travesía.

Las familias que allí vivían, sentían un gran respeto por mi mamá Tilita y aparte del pago de la renta nos ofrecían café con pan. Nos sentamos en compañía de algunas de las mujeres que con sus maridos se hallaban tomando un poco de sol. No pasó mucho tiempo sin que de nuevo el ramillete de alabanzas y halagos volviera a llover sobre mi persona: "Que grande la niña y que hermosa Tilita". Mi abuelita complacida respondía aumentando cualidades y virtudes a las ya escuchadas: "Y si vieran que lindo habla de las cosas de Dios." "Mi hija Josefina le enseña historias de la Biblia y ella las aprende de memoria." Mi abuela se acercó cautelosa a mi oído y muy quedo me dijo: "Mi hijita, quisieras decirnos algo de la Biblia, de lo que tu mamá te ha enseñado?" Recuerdo que sin la menor sombra de timidez, me deslicé de la silla y le dije a mi abuelita al oído: "si abuelita, pero diles que se callen, para que oigan." Una vez en silencio todos y habiéndose acercado algunos soldados que estaban francos y algunos mas con uniforme, quedaron expectantes de lo que una niña de solo seis años de edad estaba por decirles. El improvisado mensaje infantil estaba construido mas o menos así:

"Ustedes son muy buenos, aunque pudieran ser mas buenos si le pidieran a Dios que entrara a vivir en sus corazones. Reirían mas, ya no estarían tan tristes como están y sus niños también aprenderían textos como los que mi mamá me enseña y todo con Jesús sería mas bonito."

En eso vi un niñito pequeñito que en los brazos de su madre se agitaba molesto con las naricitas sucias y tomando ese cuadro como punto de referencia o tal vez de apoyo continué con mi improvisado mensaje: "Jesús quita todo lo malo del corazón y también de las narices, para que sus hijitos no lloren y tengan su carita limpia y bonita."

"Cuando ustedes se mueran se van a ir a vivir al cielo con sus hijos. Se acuerdan de las manos, las manos de Jesús.? Tenían clavos y le dolían tanto que por fin el se tuvo que morir, pero murió para que ustedes ya no estuvieran tristes ni enfermos. Quienes quieren invitar a Jesús para que siempre lo tengan en su corazón.? Bueno pues quítense sus gorras para que lo inviten, porque no pueden orar con las gorras puestas." Los soldados que estaban allí reunidos y que escuchaban en silencio se quitaron respetuosos sus gorras militares al pedido de una niña y yo continúe mi improvisado sermón: "Digan todos: Jesús te invito a mi corazón para que te quedes y vayas conmigo a donde quiera que yo vaya siempre y para que me defiendas de todas las cosas peligrosas, como las pistolas y la guerra." Digan todos estas cosas mas recio pero no mucho porque Jesús tiene que oír." "Quiero ser," digan todos, "quiero ser, mejor papá y mejor mamá oh Jesús y que mis niñitos crezcan muy bien y tengan siempre que comer." Miré algunos soldados así como a algunas mujeres que conmovidos sacaban sus pañuelos y se secaban sus lágrimas.

Después dije: "Gracias por el cielo y por los ángeles que nos cuidan" En eso vi que mi mamá Tilita también lloraba conmovida y a continuación dije: "Y gracias también por mi mamá Tilita que es tan buena." amén. Todos dijeron amén.

Yo aunque también estaba conmovida por las lágrimas de mi mamá Tilita, y tal vez queriendo hacer mas completa mi intervención, me acerqué en silencio a ella y le dije que me pasara un bote abierto que estaba cerca de ella, era creo de leche Nido. Una vez en mis manos les dije: "Vamos a recoger la ofrenda" y a pesar de que todos se echaron a reír, el bote se llenó de centavos. Yo agarré bien el bote con mis dos manos y cerré los ojos como orando en silencio, creo que no sabía que decir, pero después de unos momentos con un fuerte amén, dí por terminado el improvisado servicio. El güero Jiménez con los ojos rojos por el llanto se acomidió para ayudarnos a subir a la carreta tanta, fruta, caña y dulces que sacaron de no sé donde las mujeres de los soldados demostrando con este gesto su gratitud porque de alguna manera la voz de una niña de solo seis años de edad, les había llevado una esperanza en medio de una vida de sobresaltos, pobreza y sufrimiento.

El viaje de regreso a casa fue lento. Ni el güero Jiménez ni mi mamá Tilita hablaban mucho. Parecía que trataban de digerir aquello que les había llegado al corazón desde el improvisado púlpito callejero a través de la voz de una niña que trataba de hilvanar palabras y conceptos de su aun reducido lenguaje para transmitir algo de lo que después se convertiría en la mas grande pasión de su alma: compartir siempre que fuera posible el mensaje de los cielos.

Ya de regreso a casa mi mamá Tilita le platicó todo a mi mamá. "Ay hija, le dijo, no sé de donde sacó tanta palabra la niña que nos hizo llorar a todos, hasta los soldados estaban allí parados secándose también sus ojos." Mi madre sabía muy bien lo que había acontecido y estaba dichosa. De repente vi a mi primo René que entre tantos dulces, cañas y chocolates que me habían dado, trataba de decidirse por tomar algunas cosas.

Para poner fin a esta pesadumbre mía, tomé un chocolate y se lo dí y después le pedí a mi mamá Tilita que cuidara bien lo que quedaba. Después de todo René mi primo no había hecho nada para tomar nada mas que el chocolate que le había dado.

En casa de mis padres estrenando un traje de china poblana en mi décimo cumpleaños.

Un murmullo angelical

"El que escucha musica siente que su soledad, de repente, se puebla."
Robert Browning (1812-1889)

Un murmullo angelical

Mi camino a la adolescencia no estuvo exento de trabas, básicamente en lo relacionado a mi endeble salud física. Mis ojos desde mi nacimiento fueron débiles y muy jovencita me fueron preescritos lentes de aumento, antes de cuyo uso obligado de por vida padecía frecuentes dolores de ojos y de cabeza. Por si esto fuera poco, las enfermedades de la niñez, como el sarampión, la varicela, la tos ferina etc. ya me habían visitado.

Sucedió que poco a poco se fue presentando un problema laríngeo. La irritación de la garganta se hacía cada vez mas molesta. Mi madre, que siempre fue mi enfermera dedicada y amorosa, comenzó a darme remedios cuya efectividad había sido comprobada muchas veces, al decir de las amistades que los recomendaban casi como milagrosos.

Entre ellos un cocimiento de cáscaras de granada para hacer gárgaras. De todos los remedios este parecía tener alguna eficacia, disminuyendo un poco la irritación dolorosa de mi garganta pero cuyos efectos duraban poco. Al cabo de algunas semanas de probar remedios, uno tras otro, se presentó la alternativa de la visita médica.

Lo de siempre, aparte de los tónicos y pastillas, empecé a vivir la horrible pesadilla de las inyecciones intramusculares. La penicilina que por entonces estaba de moda, se convirtió en un dolor con aroma, con un aroma inconfundible, que llegué a odiar. Todo ello ahuyentaba mis dolencias por un tiempo, para volver a visitarme después. No obstante mis episodios esporádicos con estos problemas de salud tan comunes en la infancia y en la temprana juventud, siempre tenía combustible extra, para jugar, para correr y divertirme aunque bajo la mirada vigilante de mi querida madre.

"Marilú y don Goyo Martín del Campo"

Vivían enfrente de nuestra casa una pareja muy especial con los que hicimos amistad casi de inmediato. Mi madre, aunque era de natural sociable y amigable, solía mantener un aislamiento preventivo en lo que se refiere a nuevas amistades, por lo que por mucho tiempo su grupo de amigos no variaba gran cosa. No obstante conocer a esta pareja Marilú y don Goyo Martín del Campo, marcó el inicio de una amistad que con el tiempo convertiría a ambas familias casi en una sola. Por muchos años, en especial los años difíciles de mi adolescencia, los dos hogares los consideraba míos. Marilú, siempre muy dedicada a servir, tenía un don de gentes muy especial. Cada vez que podía se acercaba a mi para aconsejarme. Muchas veces la veía como un ángel solícito y lleno de amor.

Aquello que los consejos de mi madre no llegaban a cubrir, Marilú lo llenaba con creces. Muchas veces fue la segunda en turno en mis crisis de salud, gracias a lo cual mi madre podía tomarse breves descansos. Yo en mi cama, mis medicinas en un buró y Marilú a mi lado. El día mas tenso se presentó de improviso, cuando mis amígdalas fueron afectadas por una infección que las medicinas convencionales no pudieron detener. Corría el año de mil novecientos cuarenta y tres. Marilú me daba ánimos, cuando yo, entre llantos, pedía que la cirugía que el médico acababa de recomendar, no se llevara a cabo. Mi madre era fuerte y sabía controlar bien sus emociones. No obstante, al notar mi miedo y mi llanto, la vi dar media vuelta en silencio hacia la sala de nuestra casa y después la miré allí arrodillada, sin que ella lo notara, eslabonando una plegaria entre lagrimas, pidiendo a Dios que se aclarara lo que fuera mejor para mi. Yo quise bajarme de la cama para acercarme a ella y decirle que no se preocupara, pero como estaba ardiendo en fiebre, Marilú, solícita como siempre, me ayudó a acomodarme de nuevo en mi cama y me arropó con su sonrisa eterna que tantas veces disipó mis miedos y también con su fina y amable atención. Puedo decir que en ésta etapa de mi vida, a mis catorce años, dos madres amorosas cuidaron de mí. El día de la cirugía, mi madre prefirió quedarse en casa, intercediendo a los cielos por mí. Mi papá y desde luego Marilú, como unos angeles custodios, me acompañaron camino al Hospital del Socorro, y allí estuvo ella conmigo a mi lado, en el preoperatorio y hasta que, después de la cirugía, semidespierta, me regresaron los doctores a mi cuarto, con dos anginas menos.

Fue una operación exitosa pero también acompañada de una vivencia inusual. Hay corrientes de luz espiritual y poderes espirituales que descienden de los cielos, en ciertos momentos, movidos por la oración. En cuanto el éter (que era la anestesia de la época) hizo su efecto, empecé a vivir una maravillosa experiencia, mientras los médicos y las enfermeras procedían normalmente con la cirugía programada.

Primero, empecé a escuchar algo que al principio me era difícil identificar. Era algo así como un murmullo que provenía del cielo. y gradualmente, el murmullo se fue transformando en melodía. Dentro de mi experiencia, yo creía estar consciente y expectante, aunque muy lejos del cuarto de operaciones. Identifiqué de pronto esa melodía. Escuché atentamente, muy impresionada por esas voces, muy lejos de cualquier semejanza con voces humanas, el hermoso himno **"Me escondo en la Roca.",** compuesto a mediados del siglo pasado por el excelente autor y compositor de melodías muy selectas, el Rev. Manuel García Baca. Cada palabra de este hermoso canto se fue desgranando y como lluvia de estrellas, que descendían del cielo, sentí que el poder de su mensaje entonado por aquellas voces como un tintineo de fino cristal, llenaban de felicidad mi alma. Decir que ésta experiencia fue efecto de la anestesia, sería empobrecer la riqueza de la experiencia que viví mientras era intervenida. Cuando recuerdo esos momentos sublimes, siento que vuelvo a enfrentar el misterio divino de esas voces, suaves, reposadas, dulces, llenas de amor y de serena paz, y siempre que lo canto o lo escucho me parece volar alto muy alto y me imagino ver de nuevo brotar de las mas altas nubes su delicioso mensaje:

A lo largo de mi vida, la riqueza de la experiencia vivida a mis catorce años mientras era operada de las amígdalas se ha agigantado.

El peregrinar por la vida desde ese día a los ochenta y seis años de mi edad actual, me ha llevado a comprobar bajo la sólida convicción de la certeza espiritual, que siempre ha habido una roca en la que me he alojado para reposar segura, al paso de los vendavales que he tenido que enfrentar, no para evadirlos sino para multiplicar mis fuerzas y enfrentar lo que venga segura de que estoy guiada y protegida hoy a esta edad por el mismo Señor que protegió a la adolescente a los catorce años en la sala de operaciones de un hospital. De esas estrofas que componen este hermoso himno, he hecho parte de mi credo espiritual, pues prácticamente lo dicen todo. Y algún día, así como viví yo sola esta experiencia, la volveré a vivir pero esta vez, rodeada de ángeles y de creyentes, de mis seres amados, y de mis amigos, en una combinación feliz de voces y de corazones y en ese "magnífico reencuentro tan esperado uniré mi voz con las voces celestiales cantando junto con los redimidos rodeados todos por la luminosa presencia de Jesús.

Al paso de los años los caminos de la vida nos separaron a Marilú y a su querida familia, pero a veces pienso, porque no? una vez que ese día tan ansiado llegue, los buscaré entre la muchedumbre feliz, cantando en los cielos, mas allá del sol, segura de que allí les encontraré.

Mi prima Cotila

"Se podrían expulsar por la puerta a los prejuicios, pero estos volverían a entrar pot la ventana."
Federico II Rey de Prusia (1712-1786).

Mi prima Cotila

Yo tenía una prima de nombre Cleotilde, igual que mi tía paterna, de quien era hija y a la que apodaron "Cotila". Un día, habíamos salido a tomar un refresco y platicar un rato en compañía de otras amigas y en lo mas agradable de nuestro convivio volteó a verme y me dijo de repente, como si una bala se le hubiera disparado en dirección hacia mi: "sabías que mi tío Gonzalo no es tu papá y que mi tía Josefina no es tu mamá?" Sentí de pronto que se me nublaba la vista y que me tragaba la tierra. Yo negué rotundamente y le dije "Pero por supuesto que son mis padres. Como te atreves a decir eso?" Ella se sonrió. Había una cierta crueldad en su mirada. Con esto nuestro encuentro se hizo muy breve. Regresé a mi casa a comentar con mis padres lo sucedido. Mi papá aun no regresaba del trabajo pero algo mas fuerte que yo me hizo callar ante mi madre. Sentí de pronto el dolor que esto le provocaría y me abstuve. Decidí esperar a mi padre. Aunque mi padre me lo negó rotundamente, mi prima había sembrado la duda. Si fuera cierto que mis padres no eran mis padres biológicos?, quienes eran entonces? Cotila sembró la duda y no encontré la respuesta, al menos por algunos años

La etapa feliz de una adolescencia dichosa llegaba su final. La incertidumbre muchas noches me robaba el sueño, y miraba a mi alrededor como queriendo descubrir la verdad plasmada entre las sombras de la noche. Me angustiaba pensar que mis padres, a quienes amaba entrañablemente, y a los que me unían las raíces de mi niñez y adolescencia, eran, en cierta forma, ajenos a mi.

Ocultaban ellos algo? Sería mejor olvidar y seguir la vida, así nada mas como si nada hubiera pasado.? De donde había sacado mi prima esa información, que me dolía y me hacía sentir diferente?

Muchas veces la tranquilidad se alejaba de mi y mi mente con dudas, preguntas, conjeturas y demás, me producía una inquietud dolorosa haciendo difícil volver a conciliar el sueño...

Una tarde, mientras mi madre hacía los preparativos de siempre para vestir el hogar con el cálido espíritu de la navidad, tomé la decisión de hablar con Marilú, a la que siempre consideré, como quedó ya asentado, mi segunda madre.

Crucé la calle Celaya y llamé a su puerta. La encontré feliz con su eterna sonrisa y su característica jovialidad. Algo notó en mi rostro que hizo que el suyo se ensombreciera. "Qué te pasa Marillita..?" me dijo, "te sientes bien hijita?" Yo sólo le pregunté que si estaba sola porque quería hacerle una pregunta muy importante para mi. Dejó de parpadear y de sonreír, tal vez intuía que algo doloroso se agitaba dentro de mi y me hacia difícil conservar la calma. Marillita me dijo, siempre he estado junto a ti, y desde que viniste al mundo te he considerado como una hija. Puedes confiar en mi y decirme que problema te aflige?"

Quise ser breve y sin mas rodeos le pregunté: "Mi papá Gonzalo y mi mamá Josefina, son mis padres verdaderos? porque mi prima Cotila me dijo que ellos me habían adoptado. Esa duda, Marilú, me ha quitado mi tranquilidad." Me abracé de ella y empecé a llorar para deshacer algo como piedra que, desde días atrás, me oprimía la garganta. Ella, como en otras ocasiones me estrechó con un abrazo maternal contra su pecho. Dejó que me desahogara sin decir una sola palabra. Después, por un momento, Marilú me miró en silencio, como hilvanando la mejor respuesta, ante esa pregunta que jamás imaginó. Quería ser fuerte, pero las lágrimas que empezaban a brotar de sus pequeños y vivaces ojos, ganaron la partida. "Mi hijita, me dijo, los que te han amado desde tus primeros días, los que se han desvelado entre preocupación y ruegos, cuando haz estado enferma, la que te enseñó a caminar silbando feliz melodías que nunca antes había oído y festejó tus gracias y ocurrencias, el que siempre te llamó y te llama con cariño: "Marre", ellos no pueden ser menos que tus verdaderos padres. Si fuera cierto lo que Cotila te dijo, que importa. El espacio de tu vida lo ocupan ellos, porque tu les amas, verdad?, así como tu llenas el espacio de su corazón, porque ellos también te aman."

"Trata de recobrar tu tranquilidad y disfrútalos mientras Dios te los preste. Hay puertas que mas vale no abrir jamás, menos cuando no son parte del camino que tienes que transitar. Tienes padres, tienes todo para ser feliz, verdad? volvió a preguntar. Esta vez le respondí inmediatamente y sin lugar a dudas con un rotundo: Si.!"

"Cada fase de nuestra vida tiene su propia bendición," continuó diciéndome, "y hay un momento apropiado para todo aquello que nos sea útil, saber, explorar y conocer." Finalmente me dijo: "toda pregunta presente está ligada con una respuesta futura, ten confianza me dijo, créeme, la vida premiará tu espera."

La sabiduría de su respuesta me devolvió mi tranquilidad por un tiempo extraviada y nunca jamás el temor o la duda volvieron a opacar la imagen de los que me amaron y protegieron. Saber eso, fue suficiente. Y como dijo mi querida Marilú, "la vida premiará tu espera," y llegado el día, la premió.!

Mucho después de creerlo perdido, volvió a mis manos un pequeño folleto que entre otras cosas decía algo prácticamente dirigido a mi: **"Fuiste creada antes que lo creado en el pensamiento de Dios, y el pensamiento de Dios no tiene principio ni fin porque es eterno. Entonces somos eternos. El tiempo, el espacio y la materia, son sólo una manifestación temporal de lo físico, pues en escencia somos eternos. La eternidad tiene sólo dos dimensiones en la esfera espiritual, o para bien o para mal. La elección es nuestra."Escoge pues la vida para que vivas tu y tu descendencia." (Deut. 30:19)**

Mientras la respuesta llegaba, recibía este mensaje. De alguna manera empezaba a despertar en mi mente de adolescente la idea de que provenía de la mente de Dios. Después de todo no había la menor duda de que él si era mi verdadero padre.

Por poco y...

"El pensamiento no es más que un soplo, pero este soplo revuelve al mundo."
Victor Hugo (1802-1885)

Por poco y...

Desde mi temprana adolescencia me familiaricé con un amigo de mi familia de nombre Rodrigo Salinas. Era un buen hombre. Practicaba los mismos principios de nuestra fe y mis padres le tenían una gran estima y absoluta confianza. De mirada limpia y conversación amena, era dueño de una imagen distinguida y agradable. Mi mamá lo trataba con la confianza de un hijo y el, con buenas maneras, correspondía esa amistad con respeto y consideración hacia mis padres y hacia mi.

Sucedió que un día, Rodrigo llegó a visitarnos con la noticia de que el hijo de unas amistades de el, contraería matrimonio. Pero cuando ya todo parecía listo para esa celebración se presentó el inconveniente de que una de las damas, que integraría el cortejo estaba indispuesta, por alguna súbita dolencia y no podía participar en ese evento. La dama en cuestión era a la que Rodrigo estaría acompañando. Esta situación lo dejó a el volando. Sin la participación de esa muchacha el quedaba prácticamente fuera de el evento. Nos contó que a pedido del novio que era uno de sus mejores amigos, estaba buscando una dama que sustituyera a la que repentinamente había enfermado, a fin de que el séquito nupcial luciera completo. A continuación sin mas rodeos soltó lo que ya yo había presentido. "He estado pensando," le dijo a mi madre, "en Marillita para que ella fuera la dama, si me quisiera acompañar."

La idea me pareció un tanto cómica, pero guardé silencio esperando la respuesta de mis padres. Mientras mi madre hilvanaba su respuesta y mi padre se limpiaba la garganta como para afinar la voz, volví a ver detenidamente a Rodrigo pensando para mis adentros: se vería cómico que yo a mis dieciséis años fuera la dama de compañía de un hombre que por lo menos tendría unos cuarenta años mas que yo. Nunca supe exactamente su edad. Pero la edad aparente era de mas de cincuenta años. Me volví a imaginar yo a mis 16 marchando solemnemente a su lado. Me pareció gracioso. En el marco de esa posibilidad volví a verle con detenimiento. Los parpados caídos, las bolsas enormes debajo de sus ojos, el pelo cano y los surcos en su rostro con que el tiempo va cincelando su paso por la vida, las arrugas de su frente, pensé para mis adentros: van a pensar que soy la dama acompañada por su abuelo. Alguna abuela tal vez lo miraría con otros ojos, pero una adolescente como yo solo podía mirarlo como siempre lo había visto, con respeto y un afecto cordial y nada mas.

De mis disquisiciones, súbitamente me sacó la voz de mi madre. "¡Claro Rodrigo!," respondió sonriente. Después, dirigiéndose hacia mi me dijo: "hija, habrá que buscar un vestido especial para esa ocasión te vas a ver hermosa, hijita, ya verás Rodrigo, será una de las mas hermosas damas en ese cortejo. Rodrigo asintió con una sonrisa casi paternal. "Que te parece hijita..?" preguntó mi madre. Sería tal vez por hacerle un favor, pensé antes de contestar. No había nada en Rodrigo que especialmente llamara la atención de una adolescente en la flor de la edad de la ilusión. No pensé mi respuesta. No analicé mi respuesta y casi en automático dije que si, que estaba dispuesta y mi madre sonrió feliz.

Llegó la fecha esperada. Rodrigo llegó por mi mamá y por mi. Mi querida amiga Nelly también se unió a nosotras por invitación mía. Lucia elegante y muy apuesta. Yo me sentía fascinada luciendo el atuendo especial que mi madre había adquirido para esa ocasión. Mi padre no pudo ir por su trabajo, pues como era socio, y dueño de su tranvía no podía fácilmente romper su diaria rutina, pero en el fondo pienso que tampoco hizo mucho la lucha por asistir al evento. Solo de vez en cuando se reunía con alguno de sus amigos mas allegados, como don Porfirio Casanova, pero ni aun en esas visitas se extralimitaba. Era muy metódico en su programa diario y el día del inesperado compromiso no fue la excepción.

Desde que llegamos al Templo donde iba a tener lugar la ceremonia, ya estaban todos los participantes menos la novia que aun no había llegado. La mirada de un atractivo y simpático joven se cruzó con la mía. Sería, tal vez, unos dos años mayor que yo. Me sentí ruborizada cuando me sonrió y yo también le sonreí. Quise ir con Nelly mi amiga, que en compañía de mi madre esperaban entrar al Templo, cuando súbitamente la mano de Rodrigo se extendió tomando con toda delicadeza de mi brazo y nos fuimos a unir con mi mamá y Nelli, mientras nos llamaban para iniciar por fin, la multiensayada marcha nupcial.

No fue mucho el tiempo que pasamos esperando, pero si el suficiente para que un par de veces nuestras miradas se encontraran de nuevo como por casualidad, entre el apuesto joven y yo. Después durante el banquete, la mesa que había sido asignada para nosotras, la cambió Rodrigo por otra ubicada en un sitio bastante alejado del resto del séquito nupcial. Rodrigo se encargó de llenar con atenciones, y una amena conversación las aproximadamente dos o tres horas que estuvimos allí.

Las miradas furtivas no fueron ya posibles y al final nos retiramos todos felices aunque yo con una leve sombra de frustración. Fue la primera vez que Rodrigo me pareció inoportuno, aunque, por otro lado, no me podía imaginar tampoco a mi mamá como mi mejor aliada. La única era mi amiga Nelly que imposibilitada entre los dos nomás me miraba y no paraba de reírse.

No pasaron muchos días sin que Rodrigo regresara a visitarnos. Ese día, mientras mi madre preparaba la cena, salimos el y yo a platicar al pequeño jardín que había detrás de nuestra casa. Allí de la manera mas atenta y caballerosa me confesó su amor por mi. Yo sentía que algo me quemaba la cara. Creo que en gran medida era la sorpresa de que un hombre tan entrado en años, le propusiera contraer semejante compromiso a una adolescente como yo. Cuando de repente miré hacia la puerta que daba al patio, me sentí reconfortada al ver que mi madre se acercaba, pero al vernos platicar tan animadamente, se sonrío y dando media vuelta se alejó discreta. Rodrigo pacientemente, esperaba sonriente, luego acometió de nuevo.

No insistió. Solo me dijo que lo pensara, que no tenía que responderle nada en ese momento. Yo decidí guardar silencio, y en silencio regresamos a la sala comedor. La mesa estaba lista. La comida apetitosa mis padres sentados esperaban. Pero la sorpresa recibida por la inesperada declaración de amor me había apagado el apetito. Dos días después, le comenté lo de la súbita declaración de amor de Rodrigo a Marilú, esa mujer que, como ya quedó asentado, fue el ángel que junto con mi madre cuidó siempre de mi protegiéndome, aconsejándome y orientando hasta donde le era posible, mis primeros pasos en el camino de la vida. Se quedó pensativa y como tratando de elaborar de la mejor manera su respuesta a lo que le había confiado me dijo: "Marillita, mantén la calma y no des lugar a ninguna plática en solitario con el. Esto es absurdo y no puede ser. Tengo el leve presentimiento que tu mamá no va a ser en este caso tu mejor aliada. Ella cree, estoy segura que ese viejo es un buen partido para ti, quisiera sentir que me equivoco pero no puedo sentirlo me dijo."

Las visitas de Rodrigo no fueron mas frecuentes. Mantenía el mismo ritmo, tal vez para no despertar alguna suspicacia innecesaria. Ahora puedo mirar que actuó con madurez y cautela. Platicaba como siempre, pero nada en relación a la proposición que unas semanas antes me había hecho.

La víspera de un domingo platiqué a mis anchas con mi amiga Nelly. A ella le pareció fenomenal que tuviera yo un pretendiente maduro y respetuoso. Dile que si, me aconsejó, aunque no sientas nada por el, solo para pasar el rato. Lo conocerás mejor y te librarás un poco de la tensa rutina familiar. Dile que lo tratarás primero como amigo y después ya se verá que rumbo toman las cosas.

La relación de amigos continuó, pero un día al regresar juntos de la Iglesia, durante el trayecto que lo hacíamos caminando, me dijo: Marillita quieres ser mi novia? Yo ya me esperaba esa pregunta y a pesar de tener muy claro el consejo de mi querida Marilú, pudo mas el riesgoso consejo de Nelly mi amiga, y tranquilamente le dije que si. Apretó levemente su mano enlazada con la mía y me besó en la frente. En ese mismo instante sentí de alguna manera que había cometido un gran error.

El día siguiente le comunicó a mis padres la noticia. Mi padre solo dijo: "hija si ese es tu deseo tienes mi autorización, ya veremos que pasa, hay que darle tiempo al tiempo." Mi madre fue mas allá diciendo: "te felicito hijita! Tu elección me llena de felicidad, y tú, Rodrigo le dijo, ya sabes que esta familia te da la bienvenida..!"

Así empezaba una escabrosa experiencia en el camino de mi vida, que bien pude haber evitado. Llegó el día en que se dió por formalizada la relación.

Marilú, indignada, nunca me reprochó nada, pero siempre esperaba, como gato en la obscuridad el momento, la circunstancia o la ocasión mas propicia para hacer algo, aunque por lo pronto no sabía que hacer.

Por esos días se anunció que llegaba de Douglas, Arizona, una mujer muy especial. Era la misma que no muchos años atrás había traído a los pies de Cristo, a mi abuela materna, mi mamá Tilita y también a mi tía Cleotilde la hermana de mi padre. Era una Misionera muy respetada y muy querida de nombre María W. Atkinson. A pesar de los ocho años y meses que habían transcurrido desde el fallecimiento de mi mamá Tilita, siempre evocábamos mi madre y yo, la misma escena, la dama de finos modales y cabello plateado y su impecable vestido blanco con su inseparable Biblia, señalándole el sendero antiguo de la redención a la mujer que los cielos me dieron por abuela.

Llegó el momento propicio allí en mi casa cuando fue a visitarnos. Mis padres habían salido a hacer algunas compras y fue cuando le abrí mi corazón y le conté mi historia. La hermana Atkinson se sorprendió, no era para menos. Después de recobrar la compostura me preguntó, mirándome fijamente a mis ojos: "Muchacha, tu lo quieres..?, de inmediato le conteste: "no hermana. Es para mi solo un amigo. El es un buen hombre pero no siento amor por el." "Pues esto no puede continuar así" me dijo. "Voy a estar orando para que Dios detenga esta relación. Muchacha" "seguir hasta el matrimonio sin amor sería como quitar el colchón de una cama y tratar de descansar sobre los resortes." "Estoy segura de que aprenderás muy bien esta lección. Te servirá para darle bases sólidas a la unión entre tu y el hombre que Dios te mande, y te dará también sabiduría para aconsejar a tiempo a alguna muchacha que esté pasando por esta experiencia por la que estás pasando tu."

Las oraciones de la hermana Atkinson dieron resultado y dejaron gravadas en mi alma sus palabras. Creo que a Rodrigo debe haberle sido difícil de olvidar el breve mensaje que puse en sus manos la ultima vez que lo vi. Decía mas o menos así:

"Rodrigo, lo he consultado con mi corazón. Te quiero como a un amigo, pero no te amo. Que tengas mejor suerte y perdóname."

Su retiro de nuestra familia fue gradual y con elegancia y nunca mas volví a saber mas de el.

Mi consejo es para ti, si necesitas escucharlo: "Analiza tus sentimientos y sé fiel a lo que tu corazón murmure dentro de ti. La verdad te hará libre, si haz cometido el mismo error que yo cometí o preservará tu libertad si no te olvidas de este consejo, que a través de estas letras lo pongo ante ti para que aproveches mi experiencia, cerca de setenta años después de haberla vivido. La época de cometer errores nunca pasa de moda.

La posibilidad permanece al paso de los años. Camina con integridad y con cuidado y nunca tendrás la necesidad de escribir mensajes incómodos como lo hice yo. La integridad y la honestidad, al analizar tus sentimientos asegurará tu felicidad por el resto de tu vida.

Los deberes dominicales

"En el cielo dicen aleluya, porque en la tierra han dicho amen"
San Agustín (354-430).

Los deberes dominicales

Los días de la semana transcurrían a una velocidad variable, al menos para ese pequeño mundo que se encerraba en al numero 23 de la calle Celaya. Repuesta ya de la cirugía de las anginas a la que había sido sometida, mi vida diaria estaba llena de actividades. En la casa ayudaba a mi mamá en los quehaceres del hogar. Aunque debo admitir que esa ayuda era casi simbólica dada la gran energía de mi madre hacía prácticamente todo, como si sus quehaceres domésticos fueran un ritual diario. Era amante de la limpieza. tanto en su persona como en el hogar. Sacudía hoy lo que había sacudido ayer, y limpiaba quitaba y reordenaba casi todo, unas dos veces por semana. Sin embargo algo quedaba para mi. Era en especial una excelente cocinera y siempre insistía en que aprendiera los secretos de su buena cocina. Me divertía sobremanera, el contar, las especies, apartarlas hasta que fuera el turno de colocarlas en la sartén con el resto de los demás ingredientes, cocinar a medio fuego las carnes, vegetales y demás. Algo debo de haber aprendido porque mientras tuve fuerzas para cocinarles a mis hijos creo que se deleitaron con las fritangas que les preparaba.

Mi madre fue mi maestra en muchas áreas de mi vida. Sabía que era una mujercita en proceso de madurar y deseaba como toda madre, que lo que había hecho de su hija fuera algo que valiera la pena. Gracias a sus consejos y persistente educación lo logró. Cuando los días de la semana se pasan ocupados parece que se acortan. Cuando no hay mucho de que llenarlos parece que se estiran y con ellos se estira el aburrimiento y el enfado. Este tipo de días no era frecuente en mi vida, pero venían de vez en cuando. Entonces procuraba salir con mis amigas y distraerme un poco.

Entre ellas recuerdo de nuevo a mi amiga Nelly, mi consejera inexperta. Tejía sus propios pronósticos con hilo y aguja diferentes a los míos. Ella deseaba ser misionera y yo enfermera. Me contaba sus sueños y yo los míos. Le confiaba mis dudas que por momentos me asaltaban. Me parecía que todo lo que se decía con respecto a la salvación y Cristo, la Biblia y la Iglesia eran inventos humanos. Pensaba que ser "buena persona" era suficiente. Le decía a mi amiga: "cómo crees que a una persona que hace siempre lo correcto la desechen del cielo, solo por no ser cristiana..?" Estos momentos de vacilación hacían que a veces mi asistencia a la Iglesia fuera totalmente automática. Mi madre decidía por mi y yo no tenía mas alternativa que obedecerle. Pero en mis reflexiones, en ausencia de Nelly, platicaba conmigo misma y concluía que con el tiempo crecería y ya fuera de la disciplina familiar impuesta, le daría otro sabor y otro color a eso que llamaban fe. Por algún tiempo puse mi cristianismo en automático. Iba a la Iglesia y regresaba paseando silenciosamente en mi mente, mis propias ideas que trataban de dar un significado renovado a una fe que parecía obsoleta, tal vez no dañina, pero innecesaria.

Creo que por algunos meses mantuve mi rebeldía muy bien disimulada. No tenía mas que a mi amiga Nelly a la que libremente le contaba lo que a nadie mas, pues entre mis amistades cristianas no tenía, obviamente, confidentes que compartieran mis ideas tan alejadas del marco convencional de la fe. Nelly en una ocasión me dijo algo que frenó mis dudas, a las que yo libremente las había multiplicado. Veníamos de visitar a unas amigas en común y al llegar a mi casa, todo estaba en silencio. Mi mamá descansaba por lo que decidimos ir a la cocina. Allí siempre había algo delicioso que saborear, para acompañar una buena plática.

Primero una tasa de café y un bocadillo. Después Nelly abrió la conversación y mirándome fijamente me dijo: "Marillita, tu crees que eres buena..?" Su pregunta me desconcertó al principio, pero después con mucha seguridad le respondí: "Yo creo que si lo soy." De inmediato me respondió "allí puede que esté ese nudo que no te deja ir mas allá." "Cual nudo?" le pregunté extrañada. Ella prosiguió como si no me hubiera escuchado. "Ni tu ni yo ni nadie, me dijo ella, venimos a esta vida a ser buenos." "Pero que dices Nelly..?" La interrumpí. "Quiere decir que mis padres, el pastor, no son buenos? Tu misma eres una buena amiga, tus padres lo son también contigo y por el mundo hay mas gente buena de lo que tu crees. Porqué piensas que no debería ser así.?" Ella me miró con una seriedad de la que pocas veces hacia gala. Me puse mas atenta, la conocía muy bien, pues generalmente cuando se ponía formal, algo bueno e interesante tenía por decir: "No somos buenos Marillita me dijo, porque no podemos serlo. Hay un salmo que lo dice. No recuerdo cual pero lo dice." "Que es lo que dice Nelly.? le pregunté". "Dice que los buenos no existen." Me levanté de un salto ella me miró y sonrió, me conocía bien, había ido a traer mi Biblia.

Localizar el salmo que Nelly decía no fue nada fácil. En esa tarea estábamos cuando mi mamá hizo su aparición. Sus deberes la reclamaban a su cocina, y ella fue nuestra salvación. Era amante de leer su Biblia y subrayarla. Ponía también anotaciones a los lados, cuando algo le parecía importante. No fue difícil que con su ayuda localizara el verso 3 del Salmo 14. Nos habíamos trasladado al comedor y allí nos reinstalamos. Nelly leyó: "Todos se desviaron a una. Se han corrompido. No hay quien haga lo bueno. No hay ni siquiera uno." "Yo te digo, continuó ella, que nosotros no somos buenos porque no podemos serlo, sencillamente. No está en nuestra naturaleza. Hemos venido a esta vida Marillita, para ser mejores, es y debe ser un trabajo constante y siempre estará inconcluso mientras estemos aquí. Pero para ser mejores necesitamos una fuerza extra, y aquí entra en función el misterio de la redención. No solo hacía falta alguien que fuera la fuente de ese poder espiritual, sino alguien que también lo ofreciera gratuitamente sin condiciones para cualquiera que lo quisiera aceptar." Esta vez volví a escuchar el nombre de Jesús, en boca de Nelly, mi querida amiga, como tantas otras veces ya lo había escuchado, pero bajo este enfoque lo escuchaba por primera vez con un nuevo significado.

Cuando una herida se cura, la piel se renueva y la costra que se había formado se desprende sola. Así se desprendieron mis dudas espirituales. La razón que les daba existencia se había desvanecido.

Hace muchos años que nuestras vidas tomaron rumbos distintos. Pero lo que los rumbos de la vida separaron, permanece tercamente unido a mis recuerdos y a mi corazón.

Al transcurrir el tiempo se casó y nunca fue misionera. Y yo por mi parte que deseaba ser enfermera recibí un no rotundo por parte de mis padres. Así entre soñando y alternando mis sueños con las labores domésticas de cada día, viví una vida de gran actividad. Mis viajes a Hermosillo, salir con mis amistades, mis compromisos varios viviendo un día que empezaba y finalizaba para nacer otro hasta formar la semana. Entonces venía el día especial. El día en que todo parecía adquirir un resplandor que no era producido exactamente por las manos y el trabajo de mi madre. Era una sensación renovadora cuando, al terminar el sábado y con el las tareas rutinarias de la semana, nos embargaba poco a poco el encanto del domingo. Este día, se me había enseñado desde mi niñez, era un día muy especial. Si bien para casi todo el mundo era un día de asueto, para mi revestía un encanto muy particular. Era el día del Señor y con el transcurso de los años así lo llegué a experimentar.

De nuevo, el esmero en el arreglo personal que no concluía hasta que mi madre me daba el visto bueno. El peinado, la ropa, la combinación, los zapatos y mi reloj de pulsera que nunca me faltaba, y que primero fue el adorno de una adolescente y después mi permanente necesidad. Esa fórmula de vestirme con mucho cuidado para el día domingo se vio mas acentuada durante los años que me tocó ser la Superintendenta de la Escuela Dominical. Muchas veces mi madre y yo, en compañía de algunas amistades, nos dirigíamos cada domingo al Templo. Y de nueva cuenta, entrar allí, me producía la extraña sensación de que estaba en un lugar muy especial, indudablemente muy sagrado y que sentía muy mío.

Todo lo que allí pasaba me llenaba de un regocijo interior y siempre me sucedió que al iniciar las actividades dominicales, por la mañana, mi corazón se alegraba. La bendición de este día se extendía toda la semana.

En este punto debo referirme a una persona que muy particularmente contribuyó a adornar el marco dominical de cada semana. Era un hombre llamado Samuel Fierro. Era un caballero de rostro afable, de mirada vivaz y fácil sonrisa. Daba la impresión de ser algo tímido. En una conversación gustaba mas de escuchar que de hablar. Miraba fijamente, con una mirada escrutadora y su permanente sonrisa antes de responder. Terminó, sin embargo, haciendo de su vida un binomio demasiado extraño y fuera de lo común. Su alcoholismo que jamás superó, y su hermoso arte musical, que jamás abandonó. Nunca olvidaré las notas de nuestra melodía inicial, con la que abríamos nuestra adoración dominical de la mañana, embellecida por las manos de este gran artista: "Hay una Iglesia preciosa". La hermosa melodía de este viejo himno, mezclada con las bellas notas que Samuel arrancaba de nuestro viejo piano, llenaban el espacio que nos contenía de alegría, de devoción y de una extraña sensación atemporal, como que el tiempo se detenía y en su lugar se filtraba algo de eternidad.

Mis recuerdos se convierten casi siempre en vivencias y pareciera que por momentos los recuerdos volviesen de nuevo a ser realidad!

Como Superitendenta tenía la ventaja de estar siempre de pie detrás de la mesita bajo el púlpito y desde allí controlaba quien iba entrando. Había alguien en especial que al arribar a nuestra adoración temprana hacía que un leve temblor de mis manos le diera la bienvenida.

Un joven alto, esbelto y de buen porte, gallardo y viril, Ramón, llegaba siempre en compañía de sus amistades y demás familia, (la familia Islas era numerosa) y al verle llegar sentía que el domingo para mi, estaba completo.

Es entonces cuando yo tomaba el himnario con las dos manos porque sentía horrible imaginar que pudiera continuar dirigiendo la alabanza cuando esta ya hubiera terminado. De mis labores dominicales surgió nuestro encuentro, que después se convirtió en amistad y finalmente el amor lo transformó en matrimonio, el cual se llevó a cabo precisamente un día domingo, 23 de Noviembre de 1947. Fue el pastor Bernardo López el que ofició. Durante cerca de veinticinco años mantuve su apellido unido a mi nombre. Después nuestros senderos se bifurcaron. El se volvió al mundo de la soltería, mientras yo me quedé muy bien y felizmente acompañada por mis siete hijos y el recuerdo de Ruth que para entonces ya había pasado a mejor vida.

A pesar de mis 32 años y mis siete hijos, hubo varias oportunidades de formalizar alguna otra relación. Pero yo me aferré a una decisión de la que jamás me he arrepentido. Luchar yo sola con mis hijos y darle frente a una vida a veces demasiado agresiva para una mujer, antes que darles el obsequio de un padrastro. No dudo que haya padrastros que superen el triste papel de algunos padres, pero en mi caso, creo que fue, con la ayuda de Dios, una de las mejores decisiones que he tomado en mi vida.

Con el paso del tiempo mis hijos y yo vivimos infinidad de experiencias. Algunas felices, otras dolorosas, pero entre dolores fracasos, aciertos y errores, siempre triunfó el amor y el amor preservó siempre la unidad familiar.

Desde aquí le agradezco a Díos y a mi ex esposo por la felicidad de nuestra unión mientras duró, y por la felicidad de estos ocho regalos que me dejó, cada uno de los cuales ha sido y sigue siendo para mi de bendición, pues al paso del tiempo se han convertido en mis custodios, en mis amigos y también, a veces, en mis consejeros.

En mi vida, después de mis padres todo el amor que he tenido, lo he tenido por mis hijos. El apoyo que he necesitado en momentos difíciles lo he tenido siempre en mis hijos. Las mas grandes alegrías que la vida me ha dado, las he tenido en mis hijos. No sería justa con la vida si me lamentara de algo. No podría haber tocado mejor parte en la herencia que Dios le tenía preparada a esta joven Superintendenta.

De mi familia política, Manuel, que llenó de bendición con su pastorado, de algunos años, la Iglesia de Dios en Hermosillo, Sonora, Rafael, José, Isabel, Belén, Socorro, Margarita, Marillita, Refugio y Beatriz, y sus Padres, Doña María Jesús y Don Rafael guardo un buen recuerdo. Aunque al paso del tiempo el trato con los que aun viven, ha sido escaso, las veces en que nos hemos encontrado, (pues, la mayoría de ellos emigraron a Arizona), me manifiestan consideración y afecto. Sin embargo debo mencionar a una persona de mi familia política muy especial para mi, que muy seguido aparece en mis recuerdos, dado que vivimos algunos años en la misma ciudad de Nogales, la imagen de mi siempre querida cuñada Elvira Ornelas y su familia. Su vida no fue fácil. Pero jamás enfrentó una prueba tan grande que la hiciera enfriar o doblegar sus convicciones y su fe. Jamás olvidaré las veces que compartió su mesa con nosotros con generosidad, amor y con esa imborrable expresión de bondad en su mirada. Habrá siempre una deuda de gratitud que no podrá ser saldada jamás de mis hijos y yo para mi cuñada querida Elvira y toda su familia. Estoy segura que sus hijos y los hijos de sus hijos serán siempre bendecidos porque ella fue siempre fuente de bendición para nosotros y para muchos mas y con ello generó bendiciones de los cielos para toda su descendencia. Que su recuerdo sea siempre para bendición.

Desde estas letras y desde el fondo de mi corazón les mando a todos ellos mi bendición y todo mi amor y me causa una gran alegría saber que vamos todos en el mismo viaje de la redención, con el mismo boleto pagado con amor incondicional y hacia el mismo destino.

Que lejos estaba de la imaginación de una adolescente de 16 años el curso que iba a tomar su vida a partir de sus deberes dominicales. La vida da sorpresas y la mía no pudo ser mejor.

Ramón y yo en nuestro matrimonio. 23 de Nov. de 1947

Otra foto del día de nuestro matrimonio.

La hermana Atkinson
una obrera excepcional

"Tómese su tiempo para pensar., pero cuando llegue la hora de actuar, deje de pensar y actúe."
Andrew Jackson (1767-1845)

La hermana Atkinson
"Una obrera excepcional."

En este capítulo trato de detallar algunas de las memorias de la misma mujer que trajo a los pies de Cristo a mi mamá Tilita, a mi tía Cleotilde Peña, mucho antes de que yo naciera y que después fue mi consejera en algunas etapas de mi vida, como ya quedó asentado. Y ahora, al arribar a los años dorados, donde la vida es menos movimiento y mas recuerdo, no es fácil sacar a la luz escenas, sucesos y recuerdos, que distan decenas de años del momento en que tuvieron lugar. Pero hay sin duda algunas experiencias claves que se marcan en la memoria y nos permiten sacar de nuevo, recuerdos que habíamos enterrado vivos, pues estos, como se sabe, nunca mueren. Uno de estos recuerdos vivos que ha permanecido en los mas cercanos archivos de mis memorias, es el recuerdo de esta mujer extraordinaria, cuyos consejos y amistad ayudaron a dar a mi vida mayor balance y armonía. No se trataba de ninguna oradora prodigiosa y sin embargo sus palabras aun permanecen nítidamente aferradas a aquello que siempre ha estado conmigo durante todo el trayecto de mi vida: mi resolución, nada fácil, de ser mejor. Sus consejos, matizados con un tono maternal y sin embargo práctico, me llevaron a buscar el valor y brillo que debía sumarle a mi vida. Ella decía: "como un derecho propio del nuevo nacimiento, la dignidad es el complemento del proceso de la redención. Sin esa dignificacion la redención no se manifiesta en toda su belleza. Por ejemplo decía: "cómo se puede ver reflejado el proceso redentor en un creyente cuya camisa enseña un cuello y unas mangas negros por falta de aseo.? Lo que se ve, exteriormente en la vida de un hombre o una mujer que ya han visto por medio de la fe, reflejado su nombre en el libro de los cielos, debe coincidir con el tesoro que guarda en su corazón desde el momento en que el proceso redentor fue iniciado. Si la redención me ha hecho limpio de las antiguas escorias de maldad, y si en ese templo, nuestro cuerpo, se refleja la gloria de la redención, entonces mi persona física debe ser el primer testimonio visible de ese cambio. Dios cambia la vida del creyente, pero no los hábitos. Los hábitos los cambia mi decisión de cambiar, enfrentando diariamente el reto permanente del creyente que es la excelencia, con la ayuda que recibo a través de la oración y la lectura de la palabra de Dios. Si no cambio los malos hábitos entonces estoy opacando el brillo de la redención que se operó dentro de mi."

Oír hablar así a una mujer que casi siempre aparecía como una peregrina solitaria, vistiendo un ropaje de un color blanco impecable que hacia muy buen juego con su cabellera de fina cana ensortijada, y portando siempre la Biblia en su mano, era algo fuera de serie hace mas o menos unos ochenta años en mi natal Sonora, particularmente en la ciudad de Nogales donde yo residía por aquellos años. Esa mujer enfrentó a hombres curtidos por la vida, mujeres ya formadas con hijos y nietos y logró, en la mayoría de los casos, que el corazón de todos ellos fuera tocado y renovado a través del mensaje de la cruz, iniciando una vida de mayor plenitud y compromiso. Esta mujer que abriera con su trabajo, su testimonio y su mensaje, los surcos que dieron origen al movimiento Pentecostés de la Iglesia de Dios Evangelio Completo, en este estado y posteriormente en todo el país, ésta obrera dignamente consagrada al servicio divino con la que Dios bendijo grandemente mi vida fue nuestra querida hermana María W. Atkinson. Los consejos que de ella recibí han sido de tanta bendición, que marcaron la ruta que he seguido a pesar de los vientos que soplaron en contra mía. Esos consejos son parte de las bendiciones que Dios me ha dado y han hecho de mi lo que soy y me han llevado a donde estoy haciendo lo que me ha sido posible, aunque muy lejos aun de hacer para mi Señor lo que siempre he deseado. Como ella constantemente repetía: "en la preparación espiritual posterior al nuevo nacimiento y en la búsqueda de la excelencia no hay titulación. Es un compromiso de por vida. Que hubiera sido de nosotros si san Pablo no hubiera sabido escribir,? bueno, tal vez otro lo habría hecho pero no San Pablo. Yo les llamo a sus Epístolas, el corazón de la fe aplicada a la vida del creyente. La pregunta de: bueno ahora soy ya un creyente y que mas hay?, cual es el siguiente paso.? Esa pregunta tiene una respuesta desdoblada con toda claridad a través de sus epístolas: seguir creciendo, decía, explorando las dimensiones ilimitadas de la redención. "Algún día yo misma allá en el cielo le daré las gracias." Así hablaba la hermana Atkinson. Su conversación era viva, dinámica y sumamente cautivante. Yo a mis veintidós años y madre de cuatro hijos, la escuchaba sin parpadear. Cuando yo le sugería que tomara un descanso siempre respondía: "que va! Ya descansaré cuando me vaya a pasar lista con mi Señor!"

Estas son algunas de las enseñanzas que recuerdo de la hermana Atkinson frente a una taza de café. Aunque la tinta de mis memorias esté ya un poco descolorida su esencia permanece.

Haber tenido la dicha de estar algunas veces cerca de una mujer de tal estatura espiritual, deja huella. A lo largo de mi vida, que ya suman ochenta y seis años, he recordado, en situaciones especiales que he tenido que enfrentar, el trabajo que ella llevó a cabo sola, en sus inicios, alejándose de la comodidad de un cálido hogar en Douglas, Arizona, haciendo de su deseo una resolución firme, "no negociable" entre ella y su señor y de ese ejemplo, he recogido fuerzas para continuar, cuando el Señor ha puesto frente a mi nuevos desafíos.

Eventualmente, decía, hace ya muchos años, yo también enfrenté el mismo reto, como si una voz lo repitiera sin cesar en el interior de mi mente: "la alianza con tu Señor no es negociable. Una vez que tu mano se enlace con la de el, deberás de seguir sin claudicar a donde el te lleve." El recuerdo de esta gran mujer, haciendo surcos espirituales, a veces en terrenos nada fértiles para la fe, me producían y aun me producen una tremenda motivación. Nunca las grandes cosas han sido fáciles. Se han logrado porque son posibles, aunque esa posibilidad exija a veces sacrificio."

"Cuando tu te esfuerzas por servir al Señor, estás en sintonía con el poder que necesitas y que el ha prometido, me decía. En el esfuerzo está el secreto. Recuerdo, que cuando decidí servir al Señor, la decisión inicial me sobresaltó, cuando me di cuenta de lo que me esperaba, me dijo un día. Me dirigí presurosa a comunicarle a el mis temores, lo inseguro de mi marcha y la penumbrosa realidad de lo que me esperaba. Oraba y oraba, me dijo, pero no sentía respuesta. Era inquietante ver que los mismos temores que estaban conmigo, continuaban conmigo hasta decir amén. Señor que pasa.? Le dije un día. Entonces percibí su presencia cálida de la que irradiaba una santidad increíblemente viva. De pronto, en algún lugar dentro de mi, una voz dulce, calmada y no obstante llena de fuerza y de vida, oí que me decía: dónde estabas, cuando te devolví la vida y tu salud, recuerdas? Estabas en el reino de la esperanza pasiva. Estabas acostada en tu cama donde el médico te había puesto. Pero no fue sino hasta que te esforzaste en levantarte y proclamaste tu salud, que el milagro fue manifestado. La esperanza que no lleva al esfuerzo es dañina."

"De pronto, continuó diciendo, me estremeció la claridad de su palabra. Esperar pasivamente la salud me llevaría a la muerte. Fue el esfuerzo por dar el primer paso, tambaleante, débil, pero con una fe que se hacía cada vez mas poderosa, lo que "permitió" que el milagro fuera manifestado en toda su magnitud." Estaba proclamando la sanidad con mi palabra, pero también con mi esfuerzo. "En los años de mi adultez joven, el diagnóstico de "cáncer" era, y aun es equivalente a una aniquilación segura, decía, aunque la ciencia ofrece ahora alternativas desconocidas en mis tiempos, era igual a escuchar una sentencia de muerte. Recuerdo que solo deseaba administrar el poco tiempo que me quedaba, para mi familia, mis sueños inconclusos, pero a mi deseo inútil de aferrarme a una vida que se escapaba veloz, se oponía el dolor terrible acompañado de los tratamientos cuya ineficacia hacía que la enfermedad avanzara aun mas." Continuaba después diciendo:

"Pero al concluir la oración de fe, hecha por la señora que me ayudaba, que era creyente, sentí la necesidad de incorporarme en el nombre de Jesús y al hacerlo, tomé la decisión de seguir de pie."

"Después de un largo tiempo de padecimiento no fue fácil dejar la cama."
"Mi cuerpo tambaleaba. Sentía que me faltaba la respiración. Pero aun así, en medio de esta situación tan incómoda, levanté mis manos al cielo y dije: "Señor, Dios de esta persona que me ayuda, gracias por mi sanidad."
"No sabía como hilvanar una oración mas larga, así que repetí esta frase muchas veces."

"Pues ésta misma escena de mi sanidad se presentaba en toda su extensión frente a mi de nuevo, ahora que deseaba salir del hogar. Así como había salido de la cama para proclamar mi sanidad, quería alejarme un poco de mis comodidades materiales para dar a conocer el poder y el amor de un Dios maravilloso, a cuantos pudiera alcanzar. Me parecía oír la voz de Dios diciéndome: vence tu miedo lanzándote en mi nombre a realizar tu deseo, porque tu deseo es mi deseo."

"Mira hermana, me dijo, mirándome fijamente con sus pequeños aunque vivaces ojos: en el futuro va a llegar un día y después muchos días mas, en los que el temor te debilite y después te paralice. Si le pides ayuda al Señor y tu oración ha hecho la conexión adecuada, enfrenta aquello que te atemorizaba, ahora da el primer paso en dirección hacia "eso que te amenazaba" y verás que pronto se empieza a derretir, allí mismo frente a ti, hasta desaparecer." La fórmula infalible: oración + esfuerzo = a poder."

"Cuando aprendí a alimentarme con la palabra y descubrí a Josué, decía, en el capítulo 1, versículo 9, lo hice parte de mi credo. Me figuré a mi Señor diciéndome: "Mira, escúchame bien: Te voy a dar un mandamiento muy especial: Esfuérzate.! En mis terrenos el que no se esfuerza está siempre vulnerable, aunque esté en medio del poder y es seguro que su debilidad le lleve a la derrota. Por eso te digo: "Esfuérzate" y además también te mando que seas "valiente", "no valentona" ni "imprudente", sino "valiente", es decir que a pesar de sentir el temor "no sucumbas" a el, y ahorita te diré porqué te mando estas cosas. Después el Señor reafirma lo que está mandando: sé "valiente", y "no temas," con "esfuérzate", y "no desmayes". Te mando éstas cosas porque constituyen la fórmula ideal que conviete a un simple creyente, a través del tiempo, en un "gigante" de la fe. Y además, como te conozco bien, pues "con amor te he creado" y "por amor te he alcanzado", y sabiendo que lo que te mando puede parecerte excesivo, pues déjame decirte que "no estarás sola" "yo estaré contigo!"

"Algunos se preguntan cual es el secreto de esta mujer que sola tomó el arado de la fe para cultivar en la tierra árida de Sonora, primeramente, y después en todo México, el mensaje de la cruz, yo les digo: no hay ningún secreto. El mejor compañero siempre está conmigo. El empeñó su palabra y al "creerle" se estableció la alianza eterna entre el y yo y sonriente añadía: no está mal. eh?" "Por fin llegó el día en que tuve que tomar una decisión, continuaba la hermana Atkinson. Tuve la alternativa de no hacerlo, pero esa alternativa no me convenía. Así que opté por dedicarme al servicio del Señor aun en tiempos de tempestad, de duda, de dolor e incertidumbre."

Durante toda la trayectoria de mi vida, el recuerdo de esta mujer excepcional, ha alimentado con creces mis esfuerzos. Recuerdo de sus consejos uno de sus favoritos: "no te engañe la ilusión de que al dar los primeros pasos, la carrera te será fácil. Prepárate para mantener tu marcha, al subir las montañas, al enfrentar precipicios o al caer la tarde y ocultarse el sol. No permitas que nada de esto te acobarde o te haga olvidar a aquel que te acompaña. El es la garantía de que todas tus empresas serán para bien. La autoridad de los cielos se reflejaba en su disciplina personal, para orar, leer la Biblia y aconsejar. Era un ejemplo viviente de lo que predicaba. No creo que haya muchas lápidas que contengan en una sola afirmación, la esencia de lo que ella encontró allá en las alturas espirituales que logró escalar. "Aquí no hay duda".

Otra mujer excepcional, Teresa de Ávila, escribió estas cautivadoras palabras que llegaron un día a mis manos y quise incluirlas aquí para que tu también te deleitaras en ellas:

> *"Pues ya toda me entregué y dí*
> *y de tal suerte he trocado*
> *que mi amado es para mi,*
> *y yo soy para mi amado"*

Muchas mujeres pudieran haber escrito versos parecidos y de hecho los han escrito, pero no siempre con tinta sobre papel, sino con el "esfuerzo" a veces doloroso en el gimnasio de la fe. La hermana Atkinson fue una de ellas.

Hace ya muchos años, mi inolvidable hermana aguarda en su silencioso reposo a que su Señor y Salvador la llame de nuevo para vida eterna..! Muchos de los siervos que Dios levantó para ser cimiento y columna de la Iglesia de Dios y que fueron producto del testimonio de esta gran mujer, ya no están entre nosotros. No me atreví a mencionar sus nombres porque estoy segura que algunos escaparían a mi memoria. Pero de lo que si estoy segura es de que sus nombres están escritos en el Libro de la Vida y cuando me entero por los medios de comunicación de todas las cosas que están aconteciendo en el mundo en estos días, como estructuras económicas mundiales que están en proceso de colapsar, la amenaza de una guerra a escala mundial, violencia, desmoronamiento de la ética y la moral familiar, como consecuencia de una sociedad también enferma, etc., siento que el momento en que una poderosa voz desde los cielos se haga oír, y llame a cada uno de estos siervos por su nombre y a todos los salpicados con la sangre de la redención, interrumpiendo su reposo temporal, siento, repito, que ese momento, que está ya agitando violentamente la adrenalina de la fe en cada creyente, cada vez se acerca mas y mas. Yo y muchos mas junto conmigo, escuchamos ya como empiezan a soplar cada vez con mas fuerza y con mas frecuencia vientos refrescantes de Rapto, de Resurrección y de Vida Eterna!

Que mejor marco para recordar el día de este feliz reencuentro que el marco musical de uno de sus himnos preferidos que entonaremos juntos festejando la "muerte de la muerte":

"Nos veremos en el rio"

En la dedicatoria de una fotografía que me obsequió un día aparece el siguiente mensaje breve pero completo: "Para María Arredondo, mi presunta sustituta en la obra del Maestro."

He tratado de hacer con mi vida un esfuerzo constante para llegar a ser lo que Dios espera de mi. El poder del testimonio de esta fiel sierva y su ejemplo siempre me han dado la fuerza extra para seguir adelante. Sirvo al mismo Señor que ella sirvió y estoy comprometida con el por el resto de mi vida. Que su recuerdo siga siendo para bendición. Amén.

El primer hijo

El mayor de mis ocho hijos, Rubén, fue el único que al nacer corriera peligro tanto su vida como la mía... a los cuatro meses de edad la muerte volvería a reclamarlo.

El primer hijo

Pasados unos meses desde el evento de mi matrimonio, la vida me empezó a enviar signos de que algo increíble estaba por suceder. A mis diecinueve años la perspectiva de ser madre me envolvía en sueños, preguntas y anhelos nunca antes sentidos. Mi preparación para tal evento no era la mas completa, ni siquiera básica. Estaría prácticamente sola si no fuera por los consejos de Marilú del Campo, a la que ya me he referido. "Marillita, me decía, estas poco a poco acercándote, por primera vez, al mas hermoso evento que pueda tener la vida de una mujer." "No hay nada superior a eso. Sentir que una vida se esta gestando en tu seno es algo grandioso pero incomprensible. Entiendo que eres aun demasiado joven y te enfrentas a un cambio fundamental en tu vida que será razón mas que suficiente para hacer a un lado, por algún tiempo, tus otros sueños, porque de aquí en adelante tus hijos serán tu prioridad." "Marilú se emocionaba tal vez entre otras cosas porque empezaba a notar un brillo en mi mirada y cuando yo estaba a solas pensaba que parecía imposible que algo allí dentro de mi vientre, estuviera tomando forma y gradualmente se transformara en un ser humano, producto del amor. Sentía que era un premio que la vida gradualmente preparaba para mi y sin embargo después de esta alegría silenciosa, después de estas reflexiones que aun tenían el sabor de la recién pasada adolescencia, sentía miedo, mucho miedo. Que pasaría si algo estuviera mal.? Alguna posible complicación? No se me ocurría otra plegaria diaria que pedir por mi hijo, quería cubrir el proceso incierto de la maternidad, de la forma en que había sido enseñada, platicando con Dios. Recordaba que Dios sabía lo que era el amor por un hijo y segura de que el me entendía, a veces llegaba a tranquilizarme y entonces pretendía de nuevo reintegrarme al acontecer humano de cada día. Empecé a compartir en el hogar, en la Iglesia y con algunas amistades de toda mi confianza el secreto del hermoso proceso recién iniciado.

Al paso de los días me vi de pronto haciendo arreglos para celebrar mi cumpleaños numero diecinueve. El once de marzo de mil novecientos cuarenta y ocho me tomó por sorpresa. Ese día, mi madre sin poder ocultar su alegría por la noticia que días antes le había comunicado, aunada a la celebración de mi cumpleaños, reía radiando su habitual amabilidad y cortesía para con todos los invitados. Cualquiera podía adivinar que algo ocultaba y que era como un dinamo extra que le daba mas energía, mas vida y mas ganas de vivir con intensidad cada instante. Yo la miraba y me dejaba contagiar por la fuerza que de ella emanaba. Mi esposo, mi Padre, Marilú, don Goyo y un reducido grupo de amigos íntimos compartían el secreto familiar de el encanto que de pronto empezaba a envolver mi vida pero cuyo encubrimiento duraría poco.

Yo misma no sabía con detalles, como el proceso de un embarazo cambiaría mi cuerpo, junto con algunos puntos de vista fundamentales con respecto a como me vería, como podría amoldar mi mente y mis previos conceptos con respecto a la vida, a una fase biológica desconocida para mi en la que cada día adentraba mas y mas mi corazón, mis expectativas y mis ansias, y fue entonces cuando sentí agitarse dentro de mi por la primera vez, esa fuerza poderosa que llenó, literalmente cada molécula de mi cuerpo y cada dimensión de energía de aquello que no era mi cuerpo y supe entonces que era ese el momento de darle la bienvenida al amor por aquello que aun no se veía, y cuyo perfil aun diminuto y sin forma alguna aun no podía ser observado, pero que ya llenaba todo mi ser.

Esa noche de mi cumpleaños, durante toda la celebración intensa, divertida y llena de camaradería, sentí por primera vez que era algo así como dos seres a la vez. Estaba yo y mi aun diminuto hijo, alojado en mis entrañas allí sentada, comiendo, compartiendo, conversando y riendo, pero de alguna manera sentía que éramos dos. Era mi primer hijo, el que desgarró el velo del misterio de la vida por primera vez. Soñaba con oír su llanto, su primer medio de comunicación.

Ese día y los ocho meses que aun faltaban para que el sueño dejara de serlo, nada me decía que ese regalo que la vida me daba, había de ser multiplicado por siete embarazos mas, todos ellos muy amados, muy deseados y muy bendecidos, y que al paso de los años han llenado mi vida de fortaleza, con sus cuidados, con sus mimos y su constante preocupación por mi. Yo nunca jamás he conocido, ni en mi juventud ni ahora que la juventud es solo un lejano recuerdo, ni el olvido, ni la falta de amor y de cuidados que mis hijos me dan pero que llenan de sombra y de dolor la vida de otros seres, que al paso del tiempo sufren mas el peso del olvido que el peso de los años que se acumulan. Esta bendición que la vida me ha dado, me ha permitido sonreír al tiempo y darle la bienvenida rodeada del amor de aquellos a quienes yo amé primero, desde que fueron esperanza y vida formándose en mi vientre.

El paso de los días me sorprendió al ver como el tiempo transformaba impasible los días en semanas y las semanas en meses y a partir del tercer o cuarto mes la vida me empezó a pasar pequeñas facturas en términos de molestias, como mareos, falta de apetito, falta de sueño. Marilú, y mi madre me aclararon que aquello era normal. Todos los incidentes desagradables que medraban mi salud eran mas o menos normales en la vida de toda mujer en estado. Las explicaciones eran tranquilizadoras hasta que otro síntoma hacia su aparición. Entonces me di cuenta que mi bienamado regalo habría que pagarlo algunos meses antes de que llegara y mi resolución natural fue: pues voy a pagarlo!

Pasaba mis manos sobre mi vientre cada vez que podía hacerlo e imaginaba tener en mis brazos a un hijo que aun medía, en algún rincón de mi vientre, un pulgada y media. Mi imaginación llenaba los espacios que el temprano proceso biológico no podía aun llenar. Empecé a notar que algunas cancioncitas infantiles empezaban a tener destinatario y las cantaba y ellas a su vez me arrullaban en medio de los síntomas desagradables de mi embarazo y, en cada evento desagradable, volvía a ganar el amor.

Fue por esos días cuando algo maravilloso iluminó mi mente. Pensando en el amor de mi hijo, empecé a entender cuanto mi madre me amaba a mi. Esa mujer que unió mi corazón al suyo no con su sangre sino dándome el amor acumulado en su alma. Cada vez que su recuerdo vuelve a mi memoria mi bendición le persigue hasta que se adentra de nuevo en el silencioso santuario del corazón para después, volver a resurgir.

Los achaques que parecía serían soportables comenzaron a empeorar. A estas alturas ya tenía mi médico de cabecera el Dr. Pablo Paraskevas de Nogales, Son. Era muy reconocido y muy prestigiado en la práctica de su profesión. Antes del cuarto mes, la vida ya había descubierto todo mi secreto. Dado el tamaño de mi vientre el secreto inicial se había esfumado. Aparte de una panza que parecía crecer día a día, las piernas se me hinchaban y a veces al dar un paso un nuevo dolor hacía su aparición. El Dr. Paraskevas aconsejó reposo. Prescribió vitaminas, algunas intravenosas que varias veces el mismo me aplicó. Era de carácter reservado, aunque agradable y fácilmente se podía adivinar su ascendencia extranjera. Era hijo de padre griego y al preparar las medicinas que habría de aplicarme, parecía un sacerdotal oficiando ritos sagrados. Era entonces cuando no reía. Cuando dejaba de platicar. Y en silencio medía, calculaba, y combinaba.

Siempre me infundió confianza y en relativamente poco tiempo se ganó el afecto y respeto de toda la familia. A pesar de todos los cuidados y medicamentos aplicados, debo admitir que el efecto curativo era muy leve. Lentamente, a todo lo ya de por si pesado de mi embarazo hicieron su lenta aparición los primeros dolores en mis articulaciones con los que la artritis anunciaba su llegada.

Las visitas del Doctor se hicieron mas frecuentes. La charla que permitía los espacios entre tratamiento, auscultaciones y monitoreo de los signos vitales, fue gradualmente sustituida por un silencio muy inquietante. El doctor se mostraba cada vez mas preocupado y yo, aun sin proponérmelo, absorbía también su preocupación. Hay que proceder con cuidado, nos decía. Tal vez haya complicaciones en el alumbramiento. Aunque esto no lo podemos garantizar. Debemos estar preparados para cuando llegue el momento.

Mi esposo, mi padre y mi madre se miraron entre si. Cambiaron miradas en silencio con el galeno y en silencio este se encaminó en compañía de mi padre hacia la puerta. Acto seguido se acercaron a mi cama y tomándome de las manos mi madre rompió el silencio y con voz entrecortada dijo: "Te alabamos Señor porque sabemos que tu estás aquí. Tus ángeles resguardan el lecho de mi hija…" Su oración, como siempre, fue como un tónico reconfortante. No escuché cuando dijo el amén, me quedé profundamente dormida hasta otro día. La llegada de Marilú, nuestra querida vecina de enfrente, me despertó. Siempre tenía una imborrable sonrisa que embellecía su rostro. Sus facciones eran finas y de sus ojos siempre brotaba una cálida bondad. Para mi era agradable su presencia, su voz suave y melodiosa me hacía sentir mejor. Nuestros lazos de amistad se unieron mas fuertemente desde que voluntariamente, al sentirse débil mi madre, se ofreció como el ángel guardián antes, como quedó ya asentado, durante y después de mi cirugía de las amígdalas unos años atrás.

Por entre las densas nubes de mi recuperación veía su rostro, atento cuidando que algún movimiento brusco me fuera a lastimar. Al verme despierta se acercó a mi cama y al saludarme con su eterna sonrisa de ángel me puse a llorar. Ella tomó mis manos entre las suyas y dejó que el llanto me liberara un poco de la tensión que interiormente me oprimía. Era ya mi séptimo mes. "Tengo miedo le confesé," "pero de que Marillita.?" me preguntó. "Tengo miedo por mi hijo, pídanle mucho a Dios que todo salga bien y que no le pase nada." Marilú desvió su vista hacia la puerta. Allí no había nadie. Mi esposo estaba afuera, mi padre trabajando y mi madre preparaba un café. No hubo manera de que ocultara su llanto. Se acercó un poco mas a mi y me susurró en el oído: "haz pensado en tu hijo antes que en ti, ahora ya estás lista para ser una buena madre." Se sonrió de nuevo y a pesar de que ambas llorábamos yo también le sonreí.

Sin duda la prueba mas difícil, por lenta y punzante que por hoy enfrentaba, era la de la "incertidumbre". Quería creer que al final todo saldría bien, pero no podía. Algunas amistades, mientras me visitaban, contaban historias de casos similares al mío que al final habían desembocado en una conclusión milagrosamente bien librada. Yo pensaba, si! si! este alumbramiento también será afortunado y pronto todo eso será historia. Pero después, mi entusiasmo se desmoronaba, cuando el dolor persistente anunciaba que aun era mi huésped. En un movimiento instintivo que se volvió habitual, recuerdo que para proteger a mi hijo, pasaba repetidamente mis manos sobre mi vientre, y aunque lo sentía siempre unido a mi, mi mano sobre mi vientre era lo mas cerca que podía llegar a el. Los días se deslizaron sin prisas. Cuando las cosas parecen complicarse y amenazan con derrumbar nuestras mas preciadas esperanzas, la vida se enlentece aun mas, allí es cuando se empieza a tocar el hilo dorado de la paciencia.

Los días del otoño en la fronteriza ciudad de nogales, son siempre mas frescos que lo habitual. La temperatura es benigna durante el día, pero al caer la noche empieza la naturaleza a enviar el mensaje de lo que será el invierno. Los días de octubre del año de mil novecientos cuarenta y ocho avanzaban muy lentos, demasiados lentos y junto a esa lentitud el reloj de la esperanza luchaba por mantenerse caminando y por intervalos caminando con dificultad.

Fue por ese entonces que empecé a sentir los sobresaltos de ciertos mensajes que mi sangre empezaba a murmurar dentro de mi. A veces ello me producía temor. Sentía que el escenario de mi primer alumbramiento no estaba aun muy claro. Me ponían a veces nerviosa y aprehensiva las sonrisas de mi familia, evidentemente tratando de comunicarme una tranquilidad que ellos mismos deseaban sentir. Algo dentro de mi me decía que las perspectivas del parto feliz, de la dicha del arribo del primogénito, estaban escaseando. Y con mi vista clavada en los pañales y en la abundante ropita, sonajas y juguetes que esperaban allí ordenados por todas partes, sentía como calambres de temor e impotencia me punzaban por todo el cuerpo, y es entonces cuando fingía dormir para que me dejaran sola y así después, sin sentirme vigilada darle rienda suelta a mi desesperación y a mis lágrimas. Algunas veces, sin poder coordinar una oración con la coherencia que da la tranquilidad que hacía un tiempo había desaparecido de mi entorno, tomaba con desesperación la Biblia, la apretaba lo mas fuerte que podía como queriéndole exprimir de sus páginas alguna virtud que brotara de allí y obrara el milagro de disipar todo lo que había convertido en amenazas la alegre expectativa de los primeros meses. Sabía que el milagro era posible, pero también estaba consciente de que la lucha era desigual en mis circunstancias por momentos la desesperación parecía ganar. El día veintidós de octubre, sin yo saberlo con precisión, iba a ser madre por primera vez. La luz de la mañana me sorprendió sin haber apenas dormitado por momentos. Jamás me imaginé que me esperaba sangre, dolor y lágrimas. Empecé a ver en mi imaginación, algo como una nube negra flotando persistentemente en torno de mi cama y contra la cual me sentía obligada a luchar. Sentía que esa especie de nube, era un elemento extraño con un mensaje que sencillamente, no podía aceptar. Tal vez era el reflejo de mis temores y de mis dudas, producto de mi prolongada desesperación, pero sentía que debía diluirla, antes de que el trabajo de parto se iniciara. La urgencia descartó la opción de la hospitalización. No había tiempo que perder.

Ese días viernes, el doctor llegó mas temprano que de costumbre. Al terminar la auscultación decidió volver a su consultorio para traer otros instrumentos que tal vez habría de necesitar. Era evidente que había cierta premura en la programación de lo que se veía venir y era también muy evidente mi preocupación por lo poco que podía armar con las pocas piezas que tenía de un rompecabezas tan complicado.

Ni bien el doctor dijo, ya vuelvo, no tardo, me dirigí a esa especie de sombra negra agazapada en una esquina de mi recámara, y como estaba sola dije en voz baja pero audible, mirándola fijamente: "yo sé quien eres y quien te manda. Aquí no eres bienvenida. Acaso ya se te olvidó que hace mas de mil años tu poder se acabó allí en el madero?" No me sentía con ánimos para hablar mas y entrecerré los ojos, por un rato, para calibrar un poco mis emociones y al abrirlos en lugar de la nube atemorizante había luz, mucha luz. Entendí de inmediato que la respuesta había sido enviada desde los cielos por entrega inmediata y de allí me agarré fuertemente para esperar el desenlace final del alumbramiento, de ésta vida nueva que encontraba tantas trabas para liberarse del claustro materno, donde había residido por cerca de nueve meses. Pasado algo así como una media hora, se abrió la puerta y apareció de nuevo el doctor Paraskevas. Traía algunos instrumentos en su mano los cuales colocó ordenadamente en una mesita preparada para ello. El evento final estaba listo para empezar era la tarde de ese viernes veintidós de octubre de mil novecientos cuarenta y ocho. Durante ese tiempo, pareció que la marcha de los minutos se hacia mas lenta y en mi imaginación miraba como si la esperanza y la fe se hubieran replegado en la puerta de mi casa, como listas para emprender el vuelo. De mi mente brotaban frases suplicando a Dios su intervención, mientras los dolores que anunciaban el principio de la última lucha entre el médico y la muerte se hacían mas intensos. La diestra maniobra empezó antes de las nueve de la noche y mientras desarrollaba hábilmente su trabajo, el médico descubrió que se había iniciado un sufrimiento fetal pues las dilataciones no eran suficientes para permitir la liberación de mi hijo: "Puja fuerte, hija, me gritaba el doctor. Yo hacía lo imposible solo para corroborar después que todo esfuerzo era en vano.

De lejos vi a mi madre y a Marilú a su lado que suplicaban la ayuda divina. Hablaban con Dios y lloraban, pero lo mas evidente era su impotencia y desesperación. La preocupación que mostraba el galeno no indicaba nada bueno, mi esposo y mi padre aguardaban en silencio sentados en la sala. Mi madre primero y después mi querida Marilú, les habían llevado café y por dos veces este se había enfriado sin saborearlo.

El punto rojo de esta crítica situación llegó cuando el médico anunció que la única alternativa era practicar de urgencia una episiotomía, sin anestesia, pues no venía preparado, a fin de facilitar un poco mas el proceso del alumbramiento. Sentí que estaba a punto de perder el conocimiento, pero el terror de no poder ya auxiliar con mis esfuerzos al galeno y pensando en salvar la vida de mi hijo me mantuvieron alerta.

Estar frente a un médico siempre es algo incómodo, máxime en la situación en que me encontraba. Seguía en lo posible cada uno de los gestos de su cara, tratando de adivinar la maniobra siguiente y en un intento fuera de lo programado vi cuando, el doctor Paraskevas tomó unos fórceps. Yo sentí que la sangre se congelaba dentro de mi. En cuanto pudo ser posible la delicada maniobra, empezó a jalar con los fórceps, el cráneo de mi hijo que ya asomaba, primero con delicadeza pero después, apoyándose en la cama jaló, sosteniendo con firmeza el aparato, pero al momento del paso final el esfuerzo sostenido hizo que con los fórceps se desprendiera la piel con el cuero cabelludo de mi hijo. El médico manejó la situación con destreza y en unos instantes puso de nuevo todo en su lugar. Después, el llanto inicial con que el recién llegado nos daba su primer saludo a todos nos hizo sonreír y llorar, alternando la felicidad y la paz que retornaban a nuestros corazones. El doctor Paraskevas después de auscultar minuciosamente a mi hijito lo puso entre mis brazos. Ni siquiera el dolor de la sutura fue mayor que la felicidad tan grande que sentí, y dije: gracias mi buen Dios, el proceso doloroso bien valió la pena, mientras veía que mi niño agotado empezaba a adormecerse a mi lado.

Esa noche dormí por horas, meciéndome en los brazos de una maternidad felizmente lograda, después de una lucha sin cuartel contra la adversidad a mis diecinueve años.

Cuando por fin se silenció la locura dichosa dándole todos la bienvenida al recién llegado, y cuando oí al médico decirme, "buenas noches Marillita, te felicito, hiciste un excelente trabajo, volveré mañana para un chequeo de rutina," fue entonces cuando yo también cerré mis ojos y mientras llegaba a la antesala del sueño que me esperaba, volví a imaginar a la esperanza y a la fe. Ya no las imaginaba en la puerta de la casa, sino a ambos lados de mi cama, compartiendo en silencio mi dicha y mi sueño feliz.

La ofrenda del primogénito

"El mundo esta lleno de maravillas y milagros, pero el hombre toma su pequeña mano y cubre sus ojos, y no ve nada."
Israel Baal Shem Tov (1700-1760).

La ofrenda del primogénito

Al regresar la película de mi vida volvía a mirar en la pantalla de mi mente, la escena recurrente del alumbramiento de mi primer hijo. Cada escena evocada agitaba de nuevo mis emociones y de nuevo volvía a agradecer a Dios el milagro realizado. Tanto en mi hijo como en mi. Al recordar esto, instintivamente me volvía a observarlo, y casi siempre tocaba de nuevo su cabecita y al ver que todo estaba normal, que su cabello empezaba a cubrir la piel de su cráneo, apenas podía creer que unos meses atrás los fórceps que el doctor Paraskevas maniobraba ya en forma evidentemente desesperada para ayudar al alumbramiento ya de por si, bastante complicado, levantó toda la piel que cubría su cabecita. Fue un milagro que mi hijo se salvara, fue un milagro que yo me salvara. Trataba inútilmente de cambiar de película, pero la intensidad de lo que había vivido era un recuerdo recurrente y me hacía repasar en la pantalla de mi mente exactamente lo que deseaba olvidar. Lo fui logrando poco a poco haciendo de cada evento difícil que sin quererlo evocaba, un motivo de gratitud. Aprendí que la gratitud lograba expulsar el estrés y la angustia vivida reemplazándolo por una extraña sensación de calma. Los recuerdos nunca se borraron pero gradualmente perdieron su sabor amargo al tiempo que la gratitud a Dios alimentaba mi confianza y mi fe. Instintivamente descubrí que mis memorias, en vez de ansiedad, me llenaban gradualmente de una serena calma y convertí en uno de los mejores hábitos que he desarrollado en mi vida, el dar gracias a Dios, siempre. Cuando bien, porque de el viene siempre el bien, cuando mal porque nunca me ha dejado sola.

Una infalible receta espiritual

Después descubrí que era una de las mejores recetas de Pablo el apóstol, "dar gracias por todo". No dejó de hacer mella la receta que el apóstol proponía, dar gracias pero, por todo.? De nuevo las enseñanzas de mi mentora espiritual, la hermana Atkinson aclararon mis dudas. "Marillita, dar gracias a Dios va mucho mas allá de decir "gracias". "En realidad," continuaba "dar gracias es establecer de inmediato una de las mas sólidas conexiones con el poder del Amor de Dios." "El dar gracias, abre las compuertas de la comunicación intima con Dios." "Por eso, el creyente que sabe ser agradecido con Dios siempre tiene acceso inmediato a la calma que Dios da y que el corazón necesita." Saber esas "implicaciones" que traía la gratitud hizo que mi alma se aferrara a esa fórmula, y en innumerables experiencias difíciles, "el dar gracias a Dios," me ha devuelto la seguridad y la calma. San Pablo tenía razón.! La hermana Atkinson tenía razón.!" El comprender el principio de "no pidas nunca nada al Señor, sin antes agradecerle por lo que ya tienes, es absoluta ganancia y siempre funciona.

Ese milagro de Dios estaba diariamente entre mis brazos, lo alimentaba, lo acariciaba, le cambiaba sus ropitas y pañales, era imposible hacer a un lado el milagro de Dios que mi hijito me recordaba a todas horas. La vida seguía su curso normal.

En la ciudad de Nogales donde residíamos, los terrenos planos son escasos y los pocos que había, como es natural, fueron los que primero se poblaron. Si alguien hubiera observado de cerca la orografía de esta ciudad antes de ser poblada, hubiera visto solo cerros y mas cerros por todas partes y hubiera seguido buscando un mejor lugar para fundar una ciudad.

Obviamente los primeros que poblaron esta tierra no pensaron así. Por alguna razón decidieron quedarse allí y hoy, el que visita Nogales por primera vez no deja de asombrarse al ver por las noches los cerros llenos de miles de luces que iluminan los hogares de la mayoría de sus habitantes.

De alguna manera la extensión demográfica ha invadido los espacios antes habitados por diversas criaturas, como arácnidos, ofidios, roedores etc. que en muchas ocasiones ponen en revolución a los que repentinamente encuentran en sus hogares a estos visitantes indeseables. Después de todo éste fue primeramente su habitat.

Aunado a todo esto, de las estaciones del año, el invierno es la mas cruel. Quienes hayan vivido allí no podrían fácilmente olvidar el intenso frío que calaba hasta los huesos, las fogatas que dispensan un poco de calor, los árboles despoblados que exponen sus ramas desnudas de su follaje, pero por otro lado, tampoco se podría olvidar el encanto de las nevadas que visten de blanco el marco con que el invierno anuncia su llegada.

Fue en una de esas temporadas de invierno que recibimos un 22 de febrero, celebrando con mis padres y un reducido grupo de amistades muy allegadas el cuarto mes de vida de mi hijo. En medio del calor del café, el chocolate, la cena deliciosa preparada por mi madre, la amenidad de las conversaciones y demás, el tiempo se esfumó, como suele suceder, cuando la dicha está presente. De cuando en cuando yo o mi madre le dábamos una vueltecita al niño que dormía plácidamente. La felicidad de esa hora nos estaba llevando, sin siquiera imaginarlo, al extremo opuesto por lo que vendría después. Angelito Flores, un amigo de la familia allí presente, tenía siempre el comentario serio que todos esperábamos. Cuando la amenidad y el conocimiento van de la mano, es imposible sustraerse de participar y escuchar lo que allí se comenta. Angelito tenía ambas cualidades, y mientras saboreaba su chocolate caliente que por tercera vez había llenado la mano de mi madre continuó diciendo: "Creo que estamos programados al revés. Como si tuviéramos instalado en nuestro cerebro un casete en sentido contrario." "No comprendo", contestó mi padre, que fue el primero en plantear el dilema ante Angelito que inmediatamente respondió. "es aun muy pronto para comprenderlo don Gonzalo, permítanme explicarme: Angelito continuó: "Nos hemos concentrado demasiado en el tiempo." Lo compramos, lo comercializamos, lo contamos acuciosamente mes tras mes hasta contar doce meses y después otra celebración como ésta. "No estoy en contra de las celebraciones de cumpleaños. Lo que a veces turba mi ánimo es pensar que el tiempo nos esta llevando la delantera hasta que finalmente nos devora". "Somos seres perecibles," dijo mi amiga Marilú, mientras don Goyo atentamente seguía la reciente opinión de su consorte. "Vamos de paso Angelito, continuó Marilú, no venimos a quedarnos." Luis Ángel contestó: "es precisamente por eso que lo esencial, según pienso, es el "no tiempo", "es decir," continuó aquello que no se mide con meses ni semanas, ni relojes, sino con propósito. Yo concibo que venimos de una eternidad o sea de un continuo fluir de la vida." El Rev. Bernardo López, intervino diciendo: "estoy de acuerdo con usted, Ángel, somos seres que hemos heredado la naturaleza eterna de nuestro creador, obviamente me refiero a todo aquello que somos aparte de nuestro cuerpo, el cual es solo un vehículo temporal en el que estamos alojados por un tiempo breve y nada mas, pero dado que el Creador es "eterno" no podemos esperar que el cree nada opuesto a su naturaleza, es decir temporal." El Reverendo López continuó: "El propósito de Dios está detrás de cada evento de la creación. A veces he llegado a suponer que la imagen y semejanza asignadas por Dios a nosotros en el curso del sexto día, pudieran corresponder, a la imagen: "el propósito que nos trae aquí", y a la semejanza: "la eternidad." Creo que venimos a esta vida a elegir y dado que la elección es nuestra, cualquiera que ésta sea tendrá que ser "eterna". Por eso la insistencia del mensaje de la redención, continuó diciendo es la dimensión eterna de aquello que elegimos en esta vida."

"Aceptar es una forma de elegir, pero rechazar equivale también a una elección". El Rev. López guardó silencio. Angelito, saboreando el poco chocolate que quedaba en su taza dijo: "que tarea tan delicada el ir organizando aquello que llegamos a comprender, pues forma en conjunto las herramientas con que daremos forma a nuestro destino final, porque hace a un lado la "disculpa de la ignorancia". El tema se extendió por un buen rato, sin perder ni un minuto su interés. Pero como suele suceder con mucha frecuencia, cuando la conversación estaba en su mejor momento, el tiempo, es el que pone punto final a las tertulias y después de una deliciosa cena nos tocaba la campana anunciando el final de la celebración de ese cuarto mes, y la mayoría de los asistentes, consultando el reloj empezaron a despedirse, agradeciendo los buenos momentos disfrutados en la buena mesa y en la amena conversación. Mientras se llevaba a cabo el epílogo de la reunión mi hijito ya hacía rato que dormía plácidamente. Nada parecía perturbar su sueño, al menos así se veía, hasta que mi madre acercándose al niño para cubrirlo mejor, me miró un momento y después me dijo: "hija, hay que llamar mañana al doctor, parece que el niño tiene temperatura." No supe que decir. Viejos temores aun no liberados empezaron a moverse en mi corazón. No puede ser, pensaba. Todo el día estuvo risueño y se miraba saludable. Entonces al acercarme a mi hijo para tocar con mis labios su frente me estremecí al corroborar la observación que mi madre me había hecho. Su temperatura no era normal. Mi temor aumentó cuando percibí una tenue sombra alrededor de sus ojos.

"Faltan muchas horas para que amanezca" dije y sin pensarlo dos veces, pedí a mi padre y a mi esposo que fueran en busca del doctor Paraskevas, el mismo que había luchado para arrancarlo de las garras de la fatalidad, solo cuatro meses atrás. Ver llegar al doctor me produjo cierto alivio, pero al ver pasar una y otra vez su estetoscopio por el pequeño pechito de mi hijo, me produjo una incomodidad difícil de describir y sin poder evitarlo me puse a llorar. Mi madrecita que no me perdía de vista se acercó a mi para consolarme y terminó llorando conmigo. El médico aun no había dicho ni una palabra pero ambas presentíamos que algo serio amenazaba la salud de mi hijito y por ende nuestra felicidad. Por fin, después de algunos minutos que parecieron horas, el médico nos juntó a mis padres a mi esposo y a mí y sin mas nos dijo: "hay que cuidarlo bien, lo que su hijo tiene es una bronquitis, muy común por cierto en estos días. Estoy seguro que con estos medicamentos saldremos adelante."

"Es preferible que los adquieran en alguna farmacia de guardia para que empiecen a administrárselos cuanto antes. Cualquier cambio que vean no duden en avisarme, a cualquier hora," dijo y amablemente se retiró. Ellos se dirigieron a la farmacia y mi madre poniendo su brazo sobre mi hombro y sin haber otro recurso y cerrando nuestros ojos nos dirigimos a Dios en oración. El tiempo transcurría esperando los remedios prescriptos por el galeno. Afuera se sentía el crudo frío de otoño y adentro, en nuestro hogar, empezábamos a hacer preparativos para una nueva guerra espiritual, pero esta vez, el mensaje que mi corazón me enviaba era que ésta guerra de nuevo la íbamos a ganar. Después de esa oración supimos de alguna manera que la palanca de alta tensión de la fe, había ya sido activada!

Los días que siguieron no fueron mejores. En solo una semana, La situación pasó de ser preocupante a crítica. El rostro del doctor Paraskevas lo decía todo. Cada vez que iba a la visita diaria a ver a mi hijo, su pronóstico era mas sombrío. Llegó por fin la tarde en que escuchamos lo que no queríamos escuchar: "Estamos haciendo lo posible, dijo. "Esperamos que la aplicación de estas inyecciones intramusculares den el resultado que todos deseamos" "Inyecciones intramusculares?" "y en donde?" objeté, "mire doctor es casi puro huesitos." El doctor desvió la mirada y solo respondió "la enfermera sabe como proceder en estos casos!"

En una semana, el efecto de la enfermedad había prácticamente desfigurado el rostro de mi hijito. La fiebre se había enseñoreado de el y no cedía. La deshidratación y la falta de alimento que primero rechazaba y después no podía pasar, nos preocupaba. Había la posibilidad de una asfixia si aspiraba cualquier alimento liquido, incluso la leche materna. Las ojeras ya marcadas alrededor de sus ojos, el estertor de su pecho al respirar cada vez con mas esfuerzo, la vista fija clavada como en un punto invisible que parecía lejano, todo ello eran señales inequívocas de que se aproximaba el final. Creo que de alguna manera el propio médico se sentía ligado a este cuadro. Cuando se presentó en la última visita y vio que nada de lo prescrito daba resultado, se notó preocupado. Miró intensamente al pequeño paciente por un buen rato en silencio para después indicarnos como llevar a cabo la última maniobra desesperada para tratar de hacer descender la fiebre que parecía no ceder. Llenen una tina con agua, dijo, y pónganle suficiente hielo. Sumerjan el cuerpecito del niño y al mismo tiempo mojen su cabecita. Lo sacan después y lo secan perfectamente y con mucho cuidado lo envuelven lo mejor que puedan. Ya para despedirse dijo: "este recurso es uno de los procedimientos que se utilizan cuando todo lo demás no da resultado, mientras, continúen dándole los medicamentos prescritos."

La voz del médico no llegaba clara a mis oídos, de repente sentí que no me podía apoyar en nada, pero absolutamente en nada.! Sentí que estaba viviendo una pesadilla. Sumergir a mi hijo en agua congelada.? Mi respuesta no duró mucho en llegar: pasara lo que pasara mi hijo no sería sometido a ese tormento jamás. No, no era posible!

Mi madre mi padre mi esposo, Marilú, me miraban en silencio con la mirada triste. Que podían opinar o recomendar.? Para una joven madre que estaba por cumplir los 20 años parecía que esa lección que la vida le daba era extenuante y hasta cierto punto injusta y como siempre cuando en otras ocasiones veíamos que el camino se acababa y nos llevaba a enfrentarnos a una pared que no podíamos traspasar, no teníamos mas alternativa que derrumbarnos a llorar la pérdida que ya se veía venir, recargarnos contra la pared y esperar perturbados e impotentes.

La otra alternativa era hacer algo para derribar esa pared.! Y de esa segunda alternativa me agarré sólida y fuertemente. Esa pared era símbolo de las evidencias de la gravedad de mi hijo. Había que aceptar que primero, su salud había estado comprometida, pero ahora era su vida la que estaba en peligro. Nos dispusimos a pedir ayuda al cielo. Nos preparamos. Todo lo que nos rodeaba en nuestro entorno era impotencia, tristeza y desesperación. Mi madre hizo ayunar incluso a los animalitos domésticos que teníamos. Quisimos orar, pero no pudimos, decíamos cosas, continuábamos intentándolo. Súbitamente vino a mi memoria uno de los consejos del Pastor López: "jamás te sientas víctima cuando platiques con Dios en oración. Sea cual sea la pena por la que estés pasando, no te sientas víctima jamás, volvió a repetir, porque tu eres la primera pieza con que Dios manifiesta su respuesta y si la pieza, que eres tu, es débil, la respuesta que obtengas también lo será. Por cuatro meses haz dicho mi hijo. Eso esta bien es lo usual. Pero date cuenta que nada de lo que tenemos es nuestro.!"

Esa voz y esas palabras ya no eran del pastor López, nunca las había oído. Pero resonaban con toda claridad en mi cerebro. La voz prosiguió: "ni nuestros hijos, ni nuestros padres, ni nuestras posesiones son nuestros, son solo préstamos que el amor de Dios nos da por un tiempo para configurar de la mejor manera, el mapa, la ruta de nuestro viaje, durante la travesía por el mar de la vida. No hallas como iniciar una oración verdad,? el dolor te está aturdiendo. Recuerda, no pidas nunca nada al cielo sin antes agradecer por todas las bendiciones que el amor de Dios te ha dado aquí en la tierra." Dejé de escuchar esa voz y me di cuenta que había olvidado agradecer a Dios. Yo quería hacerlo pero algo dentro de mi se negaba, agradecer de qué.? "Estás en una situación de pedir." "Es una emergencia. Se trata de la vida de tu hijo." De repente reconocí el origen de esa voz y le cerré mis oídos y mi corazón y haciendo un esfuerzo muy grande empecé a decir: "gracias Señor por la vida que nos has dado hasta este momento. Gracias por mis padres y mi esposo y gracias por el hijo que nos has prestado. Gracias por el milagro de su nacimiento." Cada vez me era mas difícil orar. El pensamiento dominante era: "pide ya por su salud, ya deja de dar gracias.! Cada momento cuenta!" Volví a expulsar esa voz de mi mente, y de repente me sentí libre de mi abatimiento y volteé a donde estaba mi hijito. Todos oraban, todos lloraban y al mismo tiempo todos luchábamos por esperar lo mejor, a pesar de tener todas las evidencias en contra nuestra.

Mi hijo no mostraba mejores señales, solo las que marcaban su pequeño cuerpecito de negros presagios. Súbitamente me levanté, estaba arrodillada. Mi madre me miró y vino a ver que me pasaba. Me miró en silencio y yo también la miré en silencio. Contemplé después a mi hijo por unos breves momentos y lo tomé en mis brazos. Una fuerza que superaba mi resistencia me obligaba a hacerlo y yo sentía que no debía oponerme a ella. Al contrario, me dejé llevar por ese impulso súbito y volví a arrodillarme con mi hijo en mis brazos. Continué dando gracias. Pero de pronto algo superior a mi me hizo tomar al niño entre mis manos y lo alcé al cielo. Los demás dejaron de orar y expectantes me miraban sorprendidos y en silencio. Entonces alcé mi voz con todas mis fuerzas y dije: "Mi hijo Señor, es tuyo. Tu me lo haz prestado y te doy las gracias. Hoy te pido que me lo prestes sano, regrésale la salud si es tu voluntad y si no Señor tómalo, lo regreso a ti llévatelo es tuyo. Amén.!" Creo que esos han sido los segundos mas largos y tensos de mi vida.

Mis familiares me miraban incrédulos y extrañados. Tal vez pensaron por un momento que yo había perdido la razón. Me levanté con mi hijo en mis brazos y me senté. Cuando lo vi noté que sus ojos buscaban a los míos, le acerqué mi pecho y se prendió materialmente de el.! Había vuelto el hambre y las ganas de comer. En este momento todos los presentes llorábamos pero de felicidad. Estábamos siendo testigos presenciales del poder de la oración, que cuando se activa y desciende, nada ni nadie lo puede detener. Ni siquiera nos acordamos de tomarle la temperatura, eso ya era cosa resuelta.

El siguiente día, al caer la tarde, tocaron a la puerta. Sabíamos de antemano quien era. El doctor Paraskevas al entrar se quitó su sombrero, cosa que no era su costumbre. Su expectativa lógica, diría después, era encontrar a una familia enlutada, una madre deshecha y en el centro de la sala sobre una pequeña mesa un pequeño ataúd con el cadáver del pequeño paciente, desgastado por la enfermedad que al final había vencido arrancándole la vida.

Miró a su alrededor con extrañeza. La mirada de los presentes no reflejaba ningún luto ni dolor, ni había ninguno de los enseres mortuorios que había imaginado. Al verme a mi, su madre amamantando a mi niño se quedó atónito con su sombrero temblándole en su mano, mientras que con la otra colocaba su maletín en el suelo.

Se acercó tratando de sonreír y preguntó con cierta ansiedad: "Como está mi pequeño paciente?" y me apresuré a contestar: "muy bien doctor, mírelo como come." El doctor me pidió que colocara de nuevo al niño en la cama y empezó a auscultarlo minuciosamente. El mismo lo envolvió en su cobijita y me dijo como en un murmullo, balbuceando: "Marillita tu hijo está sano, aceptó el jarabe que le receté?" me preguntó. "No doctor," le respondí. Me miró aun mas sorprendido y yo me apresuré a decirle: "el jarabe doctor, las inyecciones y todas las medicinas, están en esa bolsa. Ya no son necesarias." El doctor preguntó de nuevo: "lo sumergieron en el agua con hielo..?" Le dije, "no doctor" y antes de que inquiriera de nuevo le conté la historia real, con todos los detalles, sin omitir nada. Durante el tiempo que duró mi precipitado y emocionado relato, el doctor casi no parpadeó. Solo escuchó atentamente, después guardó silencio.

Sus ojos le brillaron con el brillo que da la emoción y ya para despedirse, mientras se colocaba su elegante e inseparable sombrero me dijo: **"No cabe duda que la fe obra milagros"**. Nunca he olvidado esa frase. De alguna manera siento que encierra la escencia de lo que allí pasó. La conservo fresca en mi memoria, como cuando el doctor la dijo por la primera vez.

Ya con su maletín en la mano, sin moverse, el doctor Paraskevas miró al techo de la habitación como buscando algo. Bajó después su rostro y solo dijo: "Buenas noches, con permiso." Y después en silencio se retiró.

Han pasado muchos años desde que sucedió esto. Algunos testigos presenciales como mis padres, Marilú, su esposo don Goyo y otros mas ya no están aquí. Pero aun permanecemos con vida y salud los protagonistas de este drama: "Yo y mi hijo."

Enseñanzas a un hijo

"Si no enseñamos a nuestros hijos a seguir a Jesús, el mundo les enseñará a no hacerlo".
(Anónimo)

Enseñanzas a un hijo

Desde su temprana niñez, mi hijo Rubén, mostró cierto talento para preguntar y retener, todo aquello que movía su interés. Gustaba de leer, deletreando, desde luego, no sin cierta dificultad, desde los seis años aproximadamente, todo lo que podía leer, que era algo, y preguntaba lo que no entendía, que era mucho mas. Entonces tomé la decisión de ayudarle, partiendo de la idea de que era mejor para él leer poco y ayudarle a comprender algo de lo que leía, que leer mucho y dejar la interpretación de lo leído a la imaginación de un niño en una etapa de su formación en que la imaginación no conducida adecuadamente, puede ser mas nociva que benéfica.

Nos sorprendió gratamente descubrir que tenía facilidad para memorizar algunas porciones de lectura, cuentos y poemas. Fue así que siendo aun muy pequeño, su edad frisaba entre los seis o siete años de edad, me dí a la tarea de heredarle algo que fuera de ayuda para el no solo durante los breves años de su infancia, sino para el resto de su vida y así fue.

Lo sentaba cada día después del desayuno y antes de la comida frente a mi en una sillita alta, de esas especialmente diseñadas para los menores de edad. Una vez que lograba apaciguarlo un poco de su mirada curiosa que se mantenía hurgando por todas partes, imitando las onomatopeyas de las aves de corral, los perros y los canarios que teníamos en casa y la espléndida carcajada espontánea que por cualquier cosa soltaba, y después de hacer mil figurillas con el rostro, se ponía atento y es cuando yo aprovechaba para empezar mi tarea voluntaria de cada día. Elegí, para empezar, **el Capítulo 3 de Proverbios.** Lo incluyo en mis memorias, porque forma parte de ellas. El resultado fue que al paso del tiempo mi hijo lo memorizó todo y fue muy placentero el fruto de mis esfuerzos escuchar decirlo después ya sin interrupción. Después de que la infancia y la juventud pasaron de prisa por la vida de mi hijo y ha llegado a la adultez, aun lo recuerda, cuando por lo menos una vez al día, por algún tiempo, combinaba las labores domésticas con una especie de mini instituto bíblico infantil, cuando yo fungía como su maestra y el como mi alumno, aun cuando en la realidad no éramos ni lo uno ni lo otro. Pero, donde no hubo ninguna duda fue que los resultados logrados fueron de gran bendición en el proceso de su formación al paso de los años.

"Hijo mío," repite, le pedía yo: "hijo mío," respondía el. "No te olvides de mi ley, y tu corazón guarde mis mandamientos." Súbitamente con una improvisada carcajada o haciendo ruidos extraños, decretaba un receso y yo accedía para después continuar, "porque largura de días y años de vida y paz te aumentarán. Misericordia y verdad no te desamparen. Atalas a tu cuello, escríbelas en la tabla de tu corazón y hallarás gracia y buena opinión en los ojos de Dios y de los hombres. Fíate del Señor de todo tu corazón y no te apoyes en tu prudencia. Reconócelo en todos tus caminos y el enderezará tus veredas. No seas sabio en tu opinión, teme al Señor y apártate del mal. Porque será medicina a tu ombligo y tuétano a tus huesos. Honra al Señor con la sustancia y la primicia de todos tus frutos y serán llenas tus trojes con abundancia y tus lagares rebosarán de mosto. No menosprecies, hijo mío el castigo del Señor ni te fatigues de su corrección. Porque el Señor al que ama castiga como el padre al hijo a quien quiere. Bienaventurado el varón que halla la sabiduría y que obtiene la inteligencia, porque su mercadería es mejor que la mercadería de la plata y sus frutos mas que el oro fino. Mas preciosa es que las piedras preciosas y todo lo que puedes desear no se puede comparar a ella. Largura de días esta en su mano derecha y en su izquierda, riquezas y honra. Sus caminos son caminos deleitosos y todas sus veredas paz. Ella es Árbol de Vida a los que de ella yacen y bienaventurados son los que de ella se mantienen. El Señor con sabiduría fundó la tierra, afirmó los cielos con inteligencia, con su ciencia se partieron los abismos y destilan rocío los cielos. Hijo mío, no se aparten estas cosas de tus ojos, guarda la ley y el consejo y será vida a tu alma y gracia a tu cuello. Entonces andarás por tu camino confiadamente y tu pie no tropezará. Cuando te acostares no tendrás temor antes te acostarás y tu sueño será suave. No tendrás temor de pavor repentino ni de la ruina de los impíos cuando viniere. Porque el Señor será tu confianza y el preservará tu pie de ser preso. No niegues el bien a tu prójimo cuando tuvieres poder para hacerlo. No digas a tu prójimo ve y vuelve y mañana te daré cuando tienes contigo que darle. No intentes mal contra tu prójimo estando el confiado de ti. No pleitees con alguno sin razón, si el no te ha hecho agravio. No envidies al hombre injusto ni escojas alguno de sus caminos, porque el perverso es abominado del Señor, mas su secreto es con los rectos. La maldición del Señor esta en la casa del impío, mas el bendecirá la morada de los justos.

Ciertamente el escarnecerá a los escarnecedores y a los humildes dará gracia. Los Sabios heredarán honra, mas los necios sostendrán ignominia.

Así concluye este capítulo 3 de los Proverbios. Muchos que aun viven escucharon este párrafo de los Proverbios de los labios de un niño. Hoy mi hijo adulto todavía lo conserva en su memoria.

Había un poema que era uno de mis favoritos. Cuando cayó en sus manos mi hijo también lo aprendió y muchas veces lo declamó allá en los lejanos años de su infancia y aun hoy lo ha declamado, alguna vez. El poema en cuestión se titula: "No se turbe vuestro Corazón."

Lo incluyo en mis memorias, primero, porque forma parte viva de mis recuerdos y segundo, porque es una extraordinaria receta en contra del abatimiento y la depresión. Y es mi deseo, que el poder de revertir el dolor y la tristeza que las verdades que este poema contiene, se vea reflejado en muchos de mis lectores regresándoles la luz a su mirada y alegría y propósito a su vida.

El mensaje de este poema parafraseado, decía mas o menos así:

> *Cuando en el mar de la vida la pena inunde tu corazón, escucha la voz del maestro bueno llena de compasión, amor, y paz. Si es grato oir su voz al estar alegres con mas razón será oírla cuando el dolor nos ataca y sentir que su mano reposa sobre nuestro pecho frío, dándonos la fuerza que la pena nos quitó. Yo se oh Dios, que tu lo sabes, y al final mi pena se convertirá en bendición. Oye tú dolor, y escucha tú tristeza: no quiten de mi alma mi alegría! Y tu Señor, permite que en medio del mar embravecido pueda mantener mi conexión con tu sonrisa de amor que me da ánimo. Tu eres el sol que alumbra mi vida y me ha de seguir hasta el final. Permíteme que viva de tal forma que mi vida sea como el perfume del grato incienso que en silencio mi alma eleva a ti.*

Este poema ha logrado que volviera a entrar la luz, en la vida de muchas personas, quebrantadas por el luto, la amargura, la depresión o el resentimiento. El mensaje de este poema esta tan radiante y tan fresco y tan eficaz, como cuando por primera vez lo dijo mi hijo, hace ya muchos años.

Quien quiera que haya sido el autor, que su recuerdo sea de bendición!

Entre una de las muchas escenas que permanece mas tercamente adherida a mi memoria, ocupa, sin duda, un lugar muy especial, el "Informe General de la Biblia". Recuerdo que se lo leí a mi hijo Rubén, pensando que no le interesaría, al menos por el momento. Pero no fue así. Lo memorizó hasta que llegó la oportunidad de decirlo frente a la congregación. Usualmente invitaban a mi hijo a subir hasta el lado derecho del púlpito. Justamente debajo de uno de los dos grandes candiles de luz intensa, colocados a ambos lados del púlpito y que nunca gozaron de su amistad. Cansaba los ojos, daba sueño y por momentos ponía, de mal humor. Muchas veces la congregación lo escuchó y muchos hermanos, familiares y amigos, que aún están entre nosotros, todavía lo recuerdan.

"EL INFORME GENERAL DE LA BIBLIA"

La Biblia tiene dos grandes divisiones. El Antiguo Testamento y el Nuevo Testamento. El Antiguo Testamento tiene 39 libros y el Nuevo Testamento tiene 27 libros y la Biblia completa tiene 66 libros.

El Antiguo Testamento tiene cinco subdivisiones:

Al Pentateuco lo forman cinco libros que son Génesis, Éxodo, Levítico, Números y Deuteronomio

Los Libros Históricos son 12

Josué, Jueces, Ruth, 1a. y 2a. de Samuel, 1a. Y 2a. de los Reyes, 1a. Y 2a. de las Crónicas, Esdras, Nehemías y Esther.

Los Libros Poéticos son cinco Job, Salmos, Proverbios, Eclesiastés y Cantar de los Cantares de Salomón.

Los profetas mayores son cinco: Isaías, Jeremías, Ezequiel, Lamentaciones y Daniel.

Los profetas menores son doce Oseas, Joel, Amós, Abdias, Jonás, Miqueas, Nahum, Habacuc, Sofonías Hageo, Zacarías y Malaquías.

El Nuevo Testamento tiene cinco subdivisiones:

Los Libros Biográficos son cuatro Mateo, Marcos, Lucas y Juan

El Libro Histórico o Los Hechos de los Apóstoles

Las Epístolas de San Pablo son catorce. Romanos, 1a. Y 2a. de Corintios, Gálatas, Efesios, Filipenses, Colosenses, 1a. y 2a. de los Tesalonicenses, 1a.y 2a. de Timoteo, Tito, Filemón y Hebreos.

Las Epístolas generales son siete Santiago, 1a. y 2a., de Pedro, 1a. 2a., y 3a. De Juan, y Judas

El Libro de la Revelación o el Apocalipsis.

Mateo habla sobre las enseñanzas de Cristo, Marcos, habla sobre las obras de Cristo, Lucas habla sobre la vida de Cristo y Juan habla sobre las conversaciones de Cristo

Cada uno presenta a Cristo bajo diferentes aspectos

Mateo lo describe como el hijo de David, Marcos lo describe como el Hijo de Dios, Lucas lo describe como Dios manifestado en la carne y Juan lo describe como el Hijo del Hombre

UNA BIBLIOTECA: (Las cifras son aproximadas. Versión Reina Valera 1950.

La Biblia es una biblioteca formada por 66 Libros, 1189 Capítulos, 31, 173 Versículos y 3, 536, 489 letras.

El Capítulo mas corto es el Salmo 117. El Versículo mas corto es Juan 11: 35 y el capítulo céntrico es el Salmo 118

La Biblia fue escrita por 35 escritores mas o menos abarcando un período de 1,600 años

Y por fin la Biblia es el mapa con el cual nos guiamos hacia el cielo.

Creo que la síntesis de lo que mi hijo ha vivido durante la trayectoria de su vida, a pesar de los cambios que lentamente van formando el perfil de la edad adulta, refleja muchas de las verdades que le fueron inculcadas por mi en su niñez. Sirva este resumen como una muestra para los padres que tienen a sus hijitos en edad de aprender.

Los valores espirituales de la fe, no son negociables y sin la menor duda puedo afirmar, por el contrario, que constituyen el mejor negocio que los padres pueden hacer para proteger el futuro de sus hijos. Es una inversión muy rentable sea cual sea el camino que decidan trazar, llevarán la marca indeleble de lo que en la niñez les haya sido compartido.

La fórmula de crianza que funcionó para el primero de mis hijos, ha funcionado para los restantes. Se ha mantenido el amor entre ellos, el respeto entre ellos, la unidad entre ellos. Para estar aun formados por un barro que no esta bien cocido todavía, creo que mis hijos, han jugado el juego de la vida, sin ganar en todas pero tratando siempre de aprender de las que no ganaron, a la luz de los valores espirituales que les fueron transmitidos en su niñez y que a su vez deberán ser transmitidos a los que aun están aquí bajo nuestra custodia moral y para aquellos que estarán aquí cuando nosotros ya no estemos.

Puedo recomendar, sin la menor duda, que la fórmula de los principios de la fe aplicados a la crianza de nuestros hijos, son el mejor antídoto contra los peligros de la elasticidad moral que aflige algunas facetas de nuestra intrépida era en la que hoy por hoy continúa nuestro viaje por la vida. En ese entonces yo era solo madre, ahora soy madre, abuela y bisabuela. Cuando los ojos de mis bisnietos y su descendencia recorran estas memorias, yo ya no estaré, pero mi marca habrá quedado y confío que será para bendición.

A propósito de ser abuela:

Las abuelas también tenemos algunas abuelas favoritas entre aquellas que han logrado dejar la marca de su paso por este mundo en las páginas de la historia. Entre otras, siempre he sentido admiración por una mujer que tuvo que renunciar a muchas cosas, a fin de realizar su mayor anhelo: ser parte de la reconstrucción del sueño milenario de todos los judíos del mundo: la re-creación del estado de Israel. El día 8 de diciembre de

1978, muchos diarios del mundo encabezaron la noticia de su muerte llamándola **"abuela de Israel", "reina sin corona": Golda Meir**. Esta nota que aquí incluyo, es como un tributo que estoy segura habrá de inspirar a muchas madres y abuelas así como a muchos padres y abuelos que buscan dejar una huella luminosa en el sendero durante el "viaje de su vida, no solo para que se les recuerde, sino para que se les imite y al imitarlos lograr, porque no? mejorar y superar la contribución dejada. A eso llamo yo expander, llenar y crecer en el extenso y fértil campo del futuro, de ese futuro del cual nosotros ya no seremos testigos. Creo que como una alternativa de un noble propósito para dejar una marca de nuestro paso por la vida no está tan mal. No creen?

En mis brazos se durmió

"Algunos se quejan de que la vida no es justa. Pero se olvidan que la vida es un sueño y los sueños, no tienen porque ser justos. Esperemos a despertar."
(Anónimo)

En mis brazos se durmió

Durante mas de 30 años mi madre había mantenido bajo control una diabetes de la que jamás se pudo liberar. No obstante pasó la mayor parte de ese padecimiento controlándolo con una dieta estricta que por momentos se tornaba imposible de tolerar y es cuando en compañía de una amiga muy cercana que padecía del mismo mal, doña Rebeca Aguilar, ambas se liberaban de vez en cuando de toda prescripción, disfrutando a sus anchas todo tipo de recetas culinarias, ricas y apetitosas pero que su enfermedad, al pasar la factura les cobraban caro. Mas de una vez mi madre se arrepentía de haber cedido a los gustos viejos de la buena cocina que ahora era, por indicaciones de su doctor, una cosa totalmente contraindicada para ella. Así transcurrió la mayor parte de su vida. Nadie imaginaba que la diabetes a pesar de la dieta y los medicamentos estaba ocultamente comprometiendo otras áreas de su salud. No obstante la gran energía de mi madre, y su acentuado entusiasmo en todo lo que hacía, gradualmente sus fuerzas empezaron a minar y casi sin percibirlo empezó a deslizarse lentamente en el deterioro crónico que trae consigo esta enfermedad. Los medicamentos cambiaron y aunque jamás se borró la sonrisa de su rostro, ella también cambió. Su actitud ante la vida empezó a alimentarse de una fuente que no era parte de ninguna prescripción humana. Hasta hoy se conserva la Biblia personal en la que mi madre estudiaba, repasaba, consultaba y de la que derivó la nueva fuerza interior que la acompañó hasta sus últimos momentos. Es difícil sustraerse a los recuerdos que empiezan a aflorar en la pantalla de la mente. Primero, como imágenes borrosas que lentamente van adquiriendo dimensión, color y tono hasta que emergen en toda su brillante claridad. Tengo que incluir en este punto de mi relato, un evento que estará siempre ligado a mi corazón.

Mi madre había venido a visitarnos desde mi añorada y querida ciudad de Hermosillo, donde yo nací. Después de su tercer infarto, su condición era lamentable, pero aun así, no había noche que no culminara su plegaria antes de acostarse con el Salmo 3, seguido por el Salmo 91. Heredé de ella el amor a la oración, vista esta como un diálogo con el Creador, así como un hijo le platica a su padre, las vivencias del día que concluye, las dulces, las amargas, las tristes y desde luego aquellas que fortalecen la esperanza y afirman la serena convicción de que una fuerza invisible nos da fortaleza y claridad al transitar día a día el sendero de la vida.

Era la tarde del día 14, bastante caluroso, del mes de agosto del año de mil novecientos sesenta y dos, cuando de pronto escuché a mi madre gritar mi nombre. Me estremecí al sentir que esa voz no era la suya, había un eco que no le conocía, que ya no era de este mundo. Corrí hacia ella y la encontré agonizando. En un intento desesperado por arrancarla de la muerte, empecé a masajear su pecho con todas mis fuerzas y ella volvió en si, pero ya no era la misma, sus grandes y hermosos ojos miraban detenidamente a su entorno de una manera vaga. No tardó mucho en venir el Cardiólogo que la atendía, el cual indicó internarla de inmediato en el hospital. La enfermera que le había sido asignada era una conocida de nosotros y supervisaba de vez en cuando que la solución fisiológica que le habían prescrito y el oxigeno estuvieran funcionando adecuadamente.

Aun en la antesala del paso final se le miraba cierta paz y serenidad. En el brazo derecho, el que estaba libre de la solución que se le estaba aplicando apretaba contra si su inseparable Biblia, como queriendo alumbrar con su luz, las sombras del camino que sin duda intuía tenía que transitar en breve.

Mientras yo y la enfermera cuidábamos a mi madre, entrecerré mis ojos y pasó por mi mente el recuerdo del día en que, cuando era una niña me extravié, tal vez fue un intento inconciente, de asociar a la madre que en aquel entonces gozaba de mejor salud con la que ahora, allí frente a mi, epilogaba su paso por esta vida. Resulta que mi padre me recogía todos los días de la **"Escuela Primaria Federal Tipo"**, donde cursaba el Segundo año de primaria y un día, atendiendo él asuntos personales que no podía posponer, no llegó a la hora convenida y viendo que él tardaba en venir, me sentí sola y el miedo me hizo llorar. Como si fuese un milagro, pasaba por allí una amiga de la familia de nombre, María Carrillo, que al verme se acercó y me preguntó que me pasaba. Al contarle mi historia se ofreció llevarme a mi casa y yo accedí. Para entonces el tiempo ya había avanzado y la preocupación de mis padres también. Mi madre desesperadamente se asomaba por la puerta de nuestra casa y miraba en todas direcciones. Cuando de pronto me divisó caminando muy tranquila de la mano de Marillita Carrillo corrió hacia mi llorando de felicidad y mientras mi salvadora le contaba parte de mi historia, mi madre me apretaba contra su pecho, me besaba al mismo tiempo que agradecía a Dios y a Marillita Carrillo por la feliz culminación de esta infantil y preocupante aventura.

Fueron solo unos instantes de un desvío evocativo de una realidad que no quería aceptar, después de los cuales mi conciencia volvía a conectarme con el entorno del cuarto del hospital, con mi madre frente a mi y con mi total impotencia, mientras que la enfermera a un lado de la cama, en silencio observaba el paso de la solución, apuntaba algo en su libreta y miraba detenidamente a mi madre.

Desvié ligeramente mi vista de la querida enferma, como si algo me obligara a distraer de nuevo mi mente de la realidad circundante que dolía demasiado, por un recuerdo pasado en mejores circunstancias y de nuevo mis memorias me llevaron a una escena en un día especial, y la vi de nuevo, pletórica de salud y vida entre las madres que se habían hecho presentes en la escuela donde cursaba mi sexto año de primaria, a solo dos meses de festejar mi 11o. cumpleaños. Era nada menos que el 10 de Mayo, el día de las madres. Corría el año de 1940.

Cualquier momento de cualquier día era el mejor para sorprender a mi madre con un abrazo o con un beso espontáneo, sin mayor motivo que la infantil intención de demostrarle mi cariño, mismo que ella siempre correspondía. Pero la algarabía de ese día en cuestión se debía a la festividad que organizaba la escuela Ignacio W. Covarrubias en la que cursaba mi sexto año, para celebrar, ni mas ni menos que el día de la madre.

El murmullo, por momentos incontrolable detrás del telón de todas las estudiantes que integraban nuestro grupo, el nerviosismo propio, dar la cara a un grupo de madres, padres, amigos y demás, hacían que el momento subiera de tensión y emoción y todo esto le daban a la futura presentación un toque muy intenso y muy especial.

Recuerdo muy bien que sin poder resistirme a la travesura que hacía momentos me bullía en la mente, en un descuido de la maestra encargada de todo el grupo participante, me acerqué al telón, tiré un poco del extremo derecho y busqué a mi madre entre un público numeroso que esperaba, y sin mucho problema allí la vi, distinguida, llena de amor y expectante.

Sabía que yo saldría en ese número especial, pero ignoraba cual sería mi participación. A pesar de que era una travesura, verla así de repente, desprevenida, esperando a su hija en compañía de muchas otras madres, que también esperaban, me sentí conmovida y una lagrimita asomó a mis ojos, como si el corazón me dijera que se hacía mi cómplice y que, de alguna manera, el mensaje había sido recibido. Quería contar los segundos en mi reloj de pulsera pero no podía. Me daba la impresión que las manecillas se cruzaban. Tanta tensión llegó a su clímax, cuando el maestro de ceremonias, un señor de una gran estatura y de voz muy ronca, suavemente golpeteó el micrófono en repetidas ocasiones antes de iniciar la tan esperada celebración. Mis manos me empezaron a sudar. No pude evitar sentir que mis piernas casi no me podían sostener, pero después de iniciada la interpretación de las tradicionales mañanitas todas nos sentimos apoyadas unas a otras y creo que por la ovación que recibimos no nos salió tan mal, pero por otro lado, que ovación mas grande podríamos recibir independientemente de la calidad de lo cantado, viniendo de un auditorio de madres.? Era como estar frente a un gran dinamo del mas puro e incondicional amor. No sé, nunca lo supe, si el aplauso correspondió a la calidad de lo cantado, pero fue intenso y prolongado.

Cuando escuché mi nombre anunciando mi participación individual me sentí sofocada, la maestra lo notó y me tranquilizó diciéndome: "busca a tu mamá," (ignoraba que yo ya lo había hecho momentos antes), "y mientras recitas tu poema no apartes tus ojos de ella, respira profundo y adelante."

Oír mi voz amplificada me estremeció, pero el mantener la vista en mi madre me dio ánimos y la vieja y hermosa poesía de Manuel Gutiérrez Nájera, "A mi Madre" cobró vida de nuevo en la voz de una adolescente y sin olvidar una sola palabra empezaron a desgranarse los bellos versos que la forman: "Madre, que gran visión hay en tus ojos." A pesar de que el auditorio no era tan grande, a mi me parecía que todos los habitantes de mi ciudad estaban allí adentro. Siguiendo el consejo de mi maestra, no aparté, ni un instante, mis ojos del rostro de mi madre. Cuando vi que su sonrisa de feliz aceptación a mi regalo hablado iluminaba su rostro, me adueñé aun mas de mi actuación, y al observar después que mordía ligeramente su labio inferior y bajaba su mirada supe que mi mensaje de amor había llegado a su destino.

"A Mi Madre"
Manuel Gutiérrez Nájera

¡Madre, qué gran visión hay en tus ojos!
¿Qué ignota playa del misterio has visto?
¡Acaso viste desde los abrojos
de tu vida la mística pradera.
del ensueño inmortal de Jesucristo
cuando sembró la humana sementera!

Y lo llevaste dentro de tu pecho
como una joya nueva, sorprendida
en el camino árido y estrecho
que atraviesa el pantano de la vida.

¡Madre, qué gran visión hay en tus ojos
¡Madre, qué bendición hay en tus manos
Oh, qué gran bendición!
Siempre en mi ruta,
cuando me acosan los demonios vanos
y malos, de mi espíritu en la gruta
siento tu bendición inmaculada
como un soplo de brisa perfumada

que llega de los ámbitos lejanos,
cuando la brega pasa…
¡Madre. !que gran bendición hay en tus manos..!
Me acuerdo de tu mano grata y grave
como del ala blanca de esa ave
que cruza el pensamiento.
Amor de tu mirada suave
como del firmamento
por donde cruzó el ave,
el ave milagrosa de mi cuento!

Recuerdo que no me dio nada de trabajo aprenderme de memoria este poema. Aun a mis ochenta y seis años cumplidos es poco lo que he olvidado. En aquellos lejanos tiempos y aun hoy en día, me parece un mensaje completo lleno de amor y ternura, me hace evocar el cuadro de las madres, y el rostro de la mía, pendientes de la infantil actuación que por sentida y directa sé que les llegó al corazón.

Fueron solo unos instantes de una hermosa evocación pasada pero rodeada de un dolor presente, después de los cuales mi conciencia volvía a conectarme con el entorno del cuarto del hospital, con mi madre frente a mi y la enfermera a un lado, que en silencio observaba el paso de la solución, mientras apuntaba algo en su libreta y miraba detenidamente a mi madre.

Me llamó de pronto la atención observar un ligero temblor en la mano que tenía sobre su Biblia. La enfermera y yo nos volteamos a ver y de pronto me dijo: "Marillita tu mamá ya está terminando su paso por esta vida."

Sentí un fuerte estremecimiento recorrer todo mi cuerpo al escuchar lo que la enfermera decía. Noté que mi madre se inclinaba ligeramente hacia adelante, me abalancé sobre ella y la abracé, la besé al tiempo que se la entregaba a Dios y allí en mis brazos exhaló su último suspiro. Eran las 7:30 de la mañana del día jueves 15 de Agosto de 1962, cuando mi madre regresó a su hogar celestial. A mis 33 años no sabía que estaba preparada para hacer frente a las pruebas dolorosas que nos da la vida, pero allí lo descubrí con Jesús a mi lado.

La rueda que mueve la mano de Dios y que me había colocado entre los brazos de mi madre cuando era una recién nacida, ahora la colocaba a ella entre los míos para cerrar con dolor el epílogo de la vida de la mujer que quiso, 33 años atrás, recibirme con amor y unirme a su vida. Su cuerpo fue velado en casa de mi inolvidable amiga Chalita Suárez, cuyo recuerdo siempre ha estado muy cerca de mi corazón, y al inhumar sus restos en un panteón de la localidad, y a pesar del numeroso acompañamiento, el silencio de la tarde que era intenso y casi se podía tocar, fue interrumpido por la voz del Rev. Ramón Salazar que ofició el sepelio, despidiéndola con su Salmo predilecto, el Salmo 91: "El que habita al abrigo del altísimo, morará bajo la sombra del omnipotente."

Y bajo ese abrigo ha morado tranquila hasta que el silencio de su reposo sea interrumpido por otra voz que de nuevo la despierte, desde los cielos, para vida eterna. Mi madre vivió creyendo esto y en esto también creo yo.

La sólida esperanza que tengo en ese día, anticipa desde ahora la dicha del inevitable y feliz reencuentro.

Que su recuerdo sea bendito para siempre.

Michi

"Vivió inocente y bella. Se fue sin quejas mientras dormía."
Neburi42 (1948......)

Michi

Todas las etapas de gradual desarrollo que experimenta la vida de una mujer como yo, casada a los dieciocho años, y madre a los diecinueve, exigen un equilibrio, un reajuste mas o menos frecuente, porque ese equilibrio tiende a alterarse con las experiencias a veces inexplicables que le da la vida. No obstante de todas las lecciones, la mas afortunada, la que le da al corazón de la mujer joven e inexperta un sentido de dicha que colma, que llena y que combina el dolor inicial con el gozo feliz e inexplicable que llega al corazón, es cuando ve que lo que acariciaba sin poder verlo por nueve largos meses, tiene por fin rostro que refleja emociones, ojos por los que puede ver y observar detenidamente la vida que lentamente empieza a girar alimentando la curiosidad insaciable que refleja su mirada y cuando por fin esboza la sonrisa tan deseada, al contacto de ese pequeño ser con los ojos llenos de amor de la que le dio la vida, es entonces cuando la madre sabe y piensa en silencio que bien valió la pena el período lleno de cuidados y fatigas de dolores y sobresaltos que desembocaban por fin en la ansiada liberación al brotar una nueva y tierna vida, al oír el llanto con que el hijo, recién nacido, saluda a su entorno, como diciendo: "ya estoy aquí!"

Yo siempre tuve la íntima convicción de que el nacimiento de cada uno de mis hijos fue una experiencia bendita y afortunada que siempre recibí como el regalo mas bello y valioso que la vida me dio. En mi caso, mi paquete de regalos, sin yo imaginarlo siquiera era bastante generoso. Habría de abrir ocho regalos, en una secuencia perfecta cada año, lo que alteró el orden doméstico establecido, hizo mas intensivo mi aprendizaje y por momentos amenazaba con volverme medio loca.

La tranquila situación del hogar que originalmente era llevadera, se transformó a lo largo de ocho años en un kínder familiar en el que cada cual gritaba peleando y exigiendo sus muy individuales prioridades. Cuando llegó el quinto regalo fue algo especial… Los finos rasgos de la carita de mi recién llegada hija, hacían juego con las sortijas de su cabello de un color café oscuro. Recuerdo que sus hermosos ojos ensombrecidos por unas pestañas increíblemente hermosas, se posaban curiosos, en todos los lugares de la habitación. Su carita de facciones finas y afiladas le daban semejanza a una muñeca aunque mucho mas linda que aquellas que alimentaban las fantasías maternales de mi infancia, donde no hay parto que duela, ni sobresaltos que espanten el sueño.

Recuerdo, ahora en que al escribir mis memorias se despejan las páginas de la vida que ya pasó, y al caer el polvo que las cubría, surgen de nuevo, con toda claridad, escenas vívidas que estuvieron archivadas en el almacén de los recuerdos, pero que nunca perdieron nitidez ni fuerza. Veo emerger de ese pasado entre las nieblas de lo ya lejano, la mirada de Ruth, mi quinta niña a la que llamaba mi muchachita, trato que fue pronto substituido por el de "Michi". Aun me parece ver como mi niñita parecía buscar mis ojos con su mirada. Aprendí poco a poco a dialogar en silencio con ella. No eran diálogos de palabras, eran conexiones mucho mas intensas. Sentía que a través de esos momentos en que nuestros corazones se conectaban, brotaba una fuerza de un amor tan puro que golpeaba mi corazón y me hacia estremecer. Por instantes, esos puentes que formábamos en silencio, me causaban una especie de dolor, presentía que esa dicha por intensa y especial fuera quizá muy efímera. Mi presentimiento empezó a ser substituido por la sombra de una pena. El horizonte de mi niña se obscureció. Entendí que tenía que prepararme para hacer frente a una tragedia. Sabía que tenía que ser fuerte, pero no sabía como. "Michi" enfermó de una parálisis cerebral antes de cumplir un año, pero ni aun eso interrumpió nuestros silenciosos encuentros en los que yo buscaba sus ojos y ella los míos y a través de nuestras miradas dialogaban nuestros corazones por largos ratos.

Cuando los médicos dieron su diagnóstico final, perdí toda esperanza en su recuperación física, dejé de luchar porque no había nada que hacer y poco a poco, pese a que solo habían pasado siete meses después de mi cumpleaños numero veinticuatro, intenté adaptarme a esta nueva situación. Pero no podía hacerlo. Mi deseo de ser fuerte chocaba con la realidad que me golpeaba por dentro y muy seguido sentía que perdía la batalla. Nunca pensé que pasaría por una lección tan dolorosa. Pero entonces, en nuestros diálogos de silencio cuando me miraba, me sonreía y acariciaba mi rostro con sus manitas, finas como de terciopelo y eso era suficiente para disipar por ratos mi inquietud. Obraba en mi el milagro de un alivio fugaz pero tonificante para ella y para mi.

Tenía a mi padre y a mis demás hijos, y por ellos y mi niña no me dejaría vencer. Mi juventud y mis expectativas de disfrutar a mi hermosa "Michi", como una niña sana y normal, me las cambió la vida por la de cuidarla y llenarla de amor. Pudimos experimentar, toda la familia, que a pesar de la limitación a la que la enfermedad la había reducido, llenaba perfectamente el espacio que en el hogar y también en nuestros corazones ocupaba.

Recordar a "Michi" no es fácil, porque es sentir de nuevo los jalones que aun la atan a mi corazón pero enfrentar ese pasado con la esperanza que brota de la fe que jamás he dejado de cultivar tratando de enriquecer la herencia espiritual recibida de mis padres, hace posible que la pena de lo que pasó sea sustituida por la esperanza en lo que va a pasar, en el glorioso reencuentro que alimenta nuestra fe. Yo lo creí por muchos años, pero con el paso del tiempo, la creencia se convirtió en certeza. Ahora sé que mi Redentor vive, como lo dijo Job en medio de su aflicción, cuando recuperó la memoria espiritual, o como lo dijo el gran protagonista del poder de la fe en acción: "Yo sé en quien he creído."

No sería justo recordar en mis memorias a "Michi" sin referirme ahora a la segunda madre que ella encontró en mi hija Pina. La unión que se desarrolló entre Pina y Michi fue muy intensa y muy especial. Hay una historia de amor, cuidado y esmero que Pina siempre le prodigó a Michi a lo cual Michi correspondía sonriéndole y acariciándole su cara. Durmieron siempre juntas por mas de ocho años, hasta que llegó la noche en que la noté muy agitada. Me acerqué y le tomé su manita, como siempre, buscó mis ojos y me veía fijamente. Fue entonces cuando le pregunté si ya quería irse con Dios. Me contestó con una sonrisa encantadora, después se durmió.

Habían sido algunas noches en que el malestar había hecho crisis y se notaba extenuada. El día siguiente sentí que algo extraño me despertó. Me levanté, de un salto de mi cama, mas temprano que de costumbre. Me dirigí apresuradamente a su recámara donde dormía en compañía de Pina, y al llegar vi su carita mas serena que nunca, profundamente dormida, silenciosa y en paz. Entonces comprendí que ese sueño feliz ya no sería interrumpido jamás, y en medio de mi soledad y mi dolor, yo también sentí paz y le dí gracias a Dios. Mientras dejaba mi dolor para después, tuve que arreglar lo relacionado con los servicios fúnebres. Enedina, la hermana que la vida me dio, estaba trabajando de prisa en algo que yo ignoraba. El día siguiente cuando vimos que el cortejo fúnebre que acompañaba a mi niña era precedido por un grupo numeroso de niñas y de niños, que descendieron de un carro que iba justo detrás de la carroza vestidos todos con unas hermosas batitas blancas, a manera de angelitos, comprendimos lo que Enedina había estado haciendo el día anterior. Compartir lo difícil de la lección que la vida me había dado, con el cuidado que mi hija Pina siempre le proporcionó a Michi, hizo menos pesada mi carga. No puedo recordar a una sin la otra. Ambas están ligadas a mi corazón.

Reflexiones finales sobre el recuerdo de "Michi".

Si de alguna forma hubiera podido anticipar lo que la vida me deparaba con mi hijita, la esperanza en su recuperación y ver después como esa esperanza lentamente se desvanecía, y acostumbrarme a darle esos medicamentos ineficaces que solo moderarían las crisis que eventualmente se irían exacerbando, medir mi total impotencia ante este cuadro, ciertamente mi instinto de madre se hubiera revelado, me hubiera declarado víctima incompetente para enfrentar con fuerza lo que se avecinaba. Pero no, no había forma de saber de antemano lo que vendría. Así que hasta el día del alumbramiento, todo fue normal. Las cosas que sucedieron después golpearon duro mi corazón, pero encontré que dentro de mi había un poder del que ni yo misma me había percatado.

Todas las promesas que tantas veces había leído en la Biblia, se agitaban ahora con vida dentro de mi. Ahora veo largamente que los diez años de la vida de Michi, fueron diez años de bendición en medio de la prueba. Su presencia nos enseñó a ser pacientes, y a compartir ese amor que fue siempre el mejor antídoto para la depresión y la amargura. Detrás de Michi, descubrimos la presencia de una inagotable fuente espiritual que siempre estuvo allí, y de la cual si no hubiera sido por Michi, probablemente jamás la hubiéramos descubierto.

Cada uno de mis hijos descubrió que podía hacer algo y ese algo fue determinante para que la familia permaneciera unida. Después de su partida cambié el hábito que se empezaba a desarrollar, de visitar asiduamente su tumba, en compañía de Enedina, la hermana que la vida me dio, y llegar y sentarme allí a dialogar entre llantos con su recuerdo. Fue en uno de esos días, junto a la tumba de mi hijita, que Enedina me dijo: "María. No creo que sea sano lo que estas haciendo. Te vas a enfermar y la vida te necesita, tu papá y tus hijos te necesitan. La vida te llama a vivir, tu tarea aun no está terminada." Algunas veces mas fui yo sola.

Hasta que llegó un día en que, desde el silencio del panteón, alcé los ojos al cielo y sentí la conexión con la esperanza en la vida eterna, y pensé en lo maravilloso del reencuentro con ella, con mis seres queridos y con tanta gente a la que he amado, y esa tarde, en medio de las tumbas, mientras el sol se ponía en el ocaso, se encendió dentro de mi una luz que hasta entonces había estado apagada, tomé la decisión de afianzar mi alma a la esperanza en la vida y desconectarme de las cadenas de la muerte que me torturaban y me deprimían hasta debilitar mi cuerpo. Desde ese día en adelante visito su tumba de una forma esporádica pero jamás he vuelto a dejar que mi vista se aparte de los cielos. Sé que algún día seré levantada de donde quiera que esté, sé que algún día alguna de esas nubes será rasgada por el estruendo glorioso de unas trompetas celestiales, y entonces sé con toda certeza que veré, a aquellos que espero ver, en el inicio de la celebración gozosa de "la muerte de la muerte"!

En síntesis puedo decir que La vida de Michi, fue de bendición!

Un hecho inexplicable

"Hay puertas que es mejor nunca abrir, sobre todo cuando Dios así lo ordena".
Neburi42. (1948......)

Un hecho inexplicable

Hablar del padre que la vida me dio, es hablar de un hombre muy especial. Era de carácter reservado, de mirada vivaz y escrutadora. El porte de todo un caballero, esbelto y cordial. Tenía un alto sentido de la honradez y era proverbial la forma como empeñaba su palabra. Pero no siempre fue así. Fue en Guasave, Sinaloa donde el vio la vida un 17 de diciembre del año 1882 en un entorno familiar de clase media, donde don Filiberto el abuelo que no conocí era el que sostenía la economía del hogar y doña Rosita, mi abuela paterna a la que tampoco tuve la suerte de conocer, era según la describía mi padre, un auténtico dechado de amor y dedicación desmedida por su esposo y sus hijos. Era ella el sostén de la estructura familiar y a las labores del hogar se dedicaba de tiempo completo, en tanto que don Filiberto dividía su tiempo entre su trabajo y sus reuniones semanales con un grupo fraternal de tendencia liberal al que pertenecía.

Los días se sucedían de manera tranquila hasta que la muerte súbita de su padre resquebrajó la estructura familiar. Mi padre y su hermano Francisco tuvieron que trabajar para ayudar a su madre, doña Rosita, que jamás pudo restaurarse de la muerte de su esposo con el que había compartido toda su vida. De las cinco hijas, las 3 mayores, Cleotilde, Herlinda y Amelia contrajeron matrimonio, y emigraron hacia los Estados Unidos, quedando en casa solo Esther y Concepción. El de por si ya sombrío ambiente de la modesta familia se vio aun mas triste y ensombrecido con la muerte de su madre, doña Rosita. En este punto de sus relatos, la voz de mi padre se quebraba por la emoción sobre todo al recordar a su querida madre a pesar de que hacía mas de treinta años que esto había sucedido, lo narraba con la mas fresca y clara memoria, como si solo un breve tiempo hubiera transcurrido.

Mi padre se convirtió en el jefe familiar, improvisado, al principio de sus nuevas obligaciones familiares pero en las que después logró experiencia y madurez, obligado por la fuerza de la vida y las responsabilidades adquiridas.

Poco tiempo después las hermanas mas chicas, Esther y Concha decidieron irse a los Estados Unidos con las hermanas mayores que les habían antecedido a las que siguió no mucho después Francisco. Toda la familia de mi padre, a excepción de el, gradualmente fijaron su residencia permanente en el país del norte.

Conocí a todos mis tíos paternos, aunque solo conviví y llegué a querer y sentir un auténtico cariño de tía a mi inolvidable tía Herlinda. Una hermosa mujer de un increíble sentido del humor que hacía reír y cambiar la excesiva seriedad, la tristeza o la preocupación y formalismo de algunos de los amigos y familiares con sus ocurrencias tanto graciosas como bien contadas.

Con el tiempo mi padre decidió probar suerte en otro lugar, eligiendo como su residencia fija, la ciudad de Nogales, Sonora, donde se convirtió en uno de los primeros socios de la Cooperativa de Transportes urbanos de la ciudad. Mi padre permaneció allí hasta su jubilación. De vez en cuando algunos de sus hermanos venían a visitarnos. La que mas frecuentemente hacia viajes para ir a vernos era su hermana Herlinda, a la que siempre estuvo ligado por un estrecho lazo de cariño fraternal.

Nos contaba mi padre que, cuando aun estaba soltero al poco tiempo de haber emigrado Herlinda, su hermana consentida, perdió por un tiempo todo contacto con ella y llegó a preocuparle que ésta desconexión se convirtiera en permanente.

Fue por ese tiempo, en que ambos hermanos no sabían nada el uno del otro, que mi padre decidió viajar a California a buscarla para reestablecer la conexión perdida. Todo intento fue inútil. Ni Herlinda ni su esposo Alberto ni sus hijos aparecieron por ningún lado. En este punto de su relato mi padre casi siempre decía: "después de la muerte de mi madre, la mayor tristeza era pensar que jamás volvería a ver a mi hermana." Los amigos y familiares, no sabían a donde se había ido, algunos hablaban de no haberlos visto en años y otros mas jóvenes ni siquiera recordaban haberlos conocido. Mi padre cuenta que se sintió triste y desolado. Había hecho lo mejor que había podido hacer pero todo esfuerzo fue inútil. Decidido a regresar y cuando consideraba haber fracasado definitivamente en su intento, caminaba por una calle de la antigua ciudad de los Ángeles, California y mientras esperaba un autobús encontró en la banca, en la que se hallaba esperando el camión, un folleto que decía: **"Aquí puede encontrar usted lo que busca"**, y a continuación, el mensaje impreso en letras grandes decía: "Con el poder de la mente la doctora tal y tal, dará a usted toda información que necesita para encontrar lo que tan ansiosamente usted está buscando".

En las circunstancias en que anímicamente se encontraba mi padre y deseando agotar ese medio que la casualidad ponía entre sus manos, indagó la dirección que aparecía en el folleto y se presentó solicitando de inmediato la ayuda que necesitaba. **"La Maestra"** en cuestión era una mujer entrada en años, de aspecto agradable aunque serio.

Los ojos azules y vivaces tanto de la "Maestra" como los del solicitante, que era mi padre, se encontraron durante un intervalo de silencio que duró unos instantes que parecieron para mi padre una eternidad. Al fin ella habló y le dijo: "solicito de ti solo seriedad y concentración, yo te diré lo que necesitas saber y tu hermana y tu volverán a estar unidos."

"Mi trabajo durará solo unos cuantos minutos y cobro por ello solo $25.00 dólares." Veinticinco dólares.? Pensó mi padre para si: No, no era mucho pero también distaba mucho de que fuera poco. Tuvo el impulso de dar las gracias y salir apresuradamente de allí pero se contuvo y contrariamente a lo que sentía aceptó. La mujer, contaba mi padre, cerró sus ojos pidiéndole a el que también hiciera lo mismo y se concentrara en su hermana Herlinda y la viera en su pantalla mental lo mas claro y nítido que pudiera. Mi padre continuaba: "por el ruido de un crayón que rozaba una hoja de papel, el intuyó que la mujer escribía algo," lo que pudo comprobar después que este ejercicio hubo concluido. El oyó la voz calmada de la "Maestra" diciéndole con toda tranquilidad: "Has hecho un buen trabajo y esto ha facilitado mi proceso para indagar lo que deseas saber. Tu hermana Herlinda, a la que no ves en tantos años, está radicando felizmente con su esposo y sus hijos en la ciudad de las Vegas Nevada. Pregunta por tu cuñado en la oficina de la enfermería pública de la ciudad, el tiene muchos amigos y conocidos allí y no te será difícil dar con tu hermana."

Mi padre nos contaba que se levantó con muchas dudas sobre la veracidad del mensaje recibido. Y habiendo sido toda su vida bastante refractario a este tipo de cosas, le dijo a la "Maestra": "voy a hacer como tu dices, pero si no es verdad lo que me has dicho, volveré a verte y me deberás de regresar el doble de lo que me cobraste." La mujer, decía después mi padre, se sonrío entre divertida y comprensiva y mirándole fijamente le respondió: "trato hecho."

Esa misma noche viajó hacia la ciudad que le había informado aquella extraña mujer. Llegó por la madrugada y tuvo que esperar que abrieran la oficina. Era temprano en la mañana, cuando finalmente se abrieron las puertas del viejo edificio. Nadie imaginó jamás que ese día por la tarde felizmente compartiría una suculenta cena con su hermana Herlinda y Alberto su esposo y desde luego los sobrinos a los que no conocía. La alegría del reencuentro jamás se olvidó. Y naturalmente nunca mas la conexión fue interrumpida. De regreso tuvo una idea. Fue de nuevo a la misma dirección a felicitar y agradecer a la mujer que con sus extrañas facultades había regresado la alegría perdida a mi padre. Deseaba darle, como agradecimiento, los $50.00 dls. que el le había pedido si su plan fallaba. Llegó sigiloso a la dirección de la "Maestra" y tocó repetidas veces y nadie abrió. Una vecina que por allí pasaba le dijo que la "Maestra" había fallecido súbitamente unos cuantos días atrás. Esto dio por terminado el extraño suceso que devolvió a mi padre la alegría al reencontrarse de nuevo con su hermana.

Cuando narraba mi padre este episodio tan inusual siempre advertía lo siguiente: "en el resultado que se logró también participé yo, cuando ella me pidió que me concentrara en mi hermana. El local era pequeño. Parecía mas bien una oficina muy austeramente amueblada, solo un escritorio y dos sillas. Es probable que haya personas honestas con un talento mental especialmente desarrollado, como la persona que me ayudó a mi. Pero a lo largo de mi vida he visto que abundan mucho mas los charlatanes que explotan la necesidad de los que van a consultarlos. En aquel entonces yo era un hombre joven que no conocía las cosas de Dios y fue la primera y única vez que viví esta experiencia tan fuera de lo común. La Biblia nos advierte en contra de estas cosas, pues pueden convertirse en adicciones perturbadoras que sustituyen los recursos espirituales como la oración, la fe en Dios y la caridad. A lo largo de los años he aprendido que es mejor ser cautelosos. Hay puertas que vale mas no abrir. Las puertas de la oración, la fe y la práctica de la caridad son poderosas, seguras y siempre están abiertas y a disposición de quien desee hacer uso de ellas. La oración es hablar con Dios. La fe es la certeza de que Dios te escucha y la práctica de la caridad es imitar a Dios, asegurándote que Dios te bendiga, siendo de bendición a otros, es decir siendo sensible a la necesidad de los demás." Estas sugerencias parten de una experiencia de la vida real. El lector tiene la opción mas delicada: la libertad de elegir.

Jovenzuelo majadero

"El valor de la infancia sin experiencia frente a la juventud sin respeto"
Neburi42. (1948......)

Jovenzuelo majadero

Mi padre, como socio era dueño y chofer de su camioncito con el que recorría diariamente las rutas urbanas que le eran asignadas. A veces, cuando llegaba del trabajo me miraba con ternura y me llamaba por mi sobrenombre favorito **"marre"**. Cuando escuchaba decirlo corría a encontrarlo y le daba un beso.

Un día oí que comentaba con mi mamá que había un jovenzuelo de unos 20 años que le gritaba "Viejo llanero" cada vez que lo veía venir y después de hacerlo corría perdiéndose en la lejanía.

Mi padre, algo tramaba para poner fin a esta falta de respeto. Yo a mis doce años veía la vida con mucha mas libertad de acción y habiendo escuchado con atención la historia del jovenzuelo insolente empecé a elaborar mi propio plan para hacerle justicia a mi padre, máxime cuando volvía a escuchar que aquellos exabruptos volvían a repetirse. Logré convencerlo de que me señalara quien era el tipo en cuestión, y por fin llegó el día en que yendo yo de pasajera en su camión, fui testigo presencial de lo que mi padre comentaba. Allí frente a mi, pensando este tipejo que yo era solo una pasajera mas, le gritó lo que siempre le gritaba y después, como un cobarde se alejó corriendo.

Inmediatamente decidí que ese era el momento de actuar. Había visto por donde se había ido y le dije a mi padre que me esperara unos instantes. "Que vas a hacer marre?" me preguntó, yo le dije solamente, "ya regreso, papá." No me fue difícil encontrarlo. Mi padre, que no me perdía de vista, no podía creer lo que ya se imaginaba. Me acerqué al tipo e hice como que le iba a preguntar algo. El amablemente se acercó y cuando lo tuve a una distancia que juzgué perfecta para mis planes, cerré fuertemente el puño de mi mano derecha y bien medida le planté con todas mis fuerzas tremenda bofetada.

El tipo me miró con asombro, sobándose su cara, y me preguntó en voz alta: "Señorita porque me hace eso?" y yo le contesté furiosa: **"de mi padre no te vas a burlar ya mas, baboso, ya es suficiente."** Me miró incrédulo y alternadamente me veía a mi y después a mi padre y balbuceando como que repetía para si: "es su papá..?" "Oh si, es su papá!" El jovenzuelo corrió y se perdió por unos callejones. El grito de burla jamás volvió a escucharlo mi padre. El estuvo siempre listo para lo que fuera, pero no hubo necesidad. Yo me regresé al camioncito de mi padre aun disgustada y con el puño de mi mano bastante adolorido, mientras el se divertía de lo lindo al ver como su querida "marre" lo había defendido a la vez que me aconsejaba que no lo volviera a hacer, obviamente en un enfrentón libre yo llevaba todas las de perder. Sin embargo, el grito de burla jamás volvió a escucharlo mi padre. Y por algún tiempo regresaba a la memoria, en tertulias familiares, el cuento del **"bofetón justiciero"**. Pasados unos tres o cuatro años, en un día cálido de esos que no son muy frecuentes entre los Nogalenses, regresaba de unas compras del "otro lado", así le llamábamos a todo lo que estaba al "cruzar la garita fronteriza", y de pronto se me acerca un hombre de aspecto distinguido, un poco mayor que yo. Me miró un instante y al ver mi sorpresa me sonrió diciéndome: "se acuerda usted de mi, señorita?" yo respondí de inmediato: "No, no se quien es usted." El sonrió divertido mientras me revelaba su identidad: "Yo soy aquel joven a quien usted plantó tremenda bofetada, hace algunos años, al defender a su padre por mi estúpida forma de proceder. recuerda?" Yo, medio aturdida por lo increíble de lo que escuchaba solo acerté a pedirle disculpas, "No señorita, por favor no se disculpe," me dijo. "No sabe el gran favor que me hizo. Jamás volví a ser el mismo, gracias a su bofetón. Cuando la vi, la reconocí enseguida, me dijo, y solo quise darle las gracias. y después lo oí decir, "con permiso." Yo me quedé helada sin saber que decir. Lo vi marcharse y nunca mas me volví a encontrar con el.

Mi padre, mi héroe

No supieron la magnitud de lo que habían emprendido, hasta que la aventura concluyó.
Neburi42. (1948......)

Mi padre, mi héroe

Mis recuerdos en torno a la memoria de mi padre apuntan ahora en otra dirección. Corría el año 1930, que estaba cerca de finalizar y, parecía un año como cualquier otro. Yo era aun una niña. Demasiado pequeña para haber desarrollado algún papel protagónico en lo que se veía venir. Mi mamá Tilita, la abuela materna con la que Dios me premió, se había casado con un buen hombre, Martín Mar, que venia de mundos demasiado lejanos, allá donde nuestros días son sus noches. Su ascendencia china, era originario de Pekin, lo hizo de inmediato muy popular en la ciudad, donde tenía buenos amigos chinos y no chinos con los que tenía buenas relaciones de amistad franca y sincera. Mi mamá, que no era hija suya, le llamaba cariñosamente "papá Martín" y para "mi fue mi papá Martín," como siempre le llamé. No hubo nunca ninguna diferencia en el trato que nos dispensaba a mi, a mi madre, a mi padre, como a mi mamá Tilita, su esposa y a cada uno de los 6 hijos que con ella había procreado.

Con el tiempo, los fuertes lazos de la cadena familiar nos unieron a todos, y el ocupó siempre un lugar de respeto y cariño en nuestros corazones.

Ese año en cuestión de 1930 bien podía haber sido un año mas entre muchos, si no hubiera sido porque la "campaña antichinista" estaba en todo su apogeo. Al margen de los factores que desataron esa campaña antichinista, de los que las fuentes históricas están abundantemente saturadas, ese año fue especial para toda la familia Mar, para mis padres y para mi, cuando dejé atrás la niñez y pude incorporarme a la historia familiar, a las conversaciones con los adultos, fue cuando me enteré de todos los pormenores que ahora relato.

Mi padre y mi papá Martín, fueron los protagonistas de la historia familiar por excelencia que marcó para siempre las vidas de los que eran chinos y de los que no lo éramos también. Nos unió en el dolor de ver que mi querido abuelito pudo haber corrido la misma suerte de miles de compatriotas suyos, expatriados, cuyas vidas pacíficas y altamente productivas, en mi natal Sonora, fueran brutalmente interrumpidas por esta tragedia.

La zozobra se filtraba por el zaguán de la casona familiar, el numero 285 de la Calle Hidalgo, justo junto a la acequia. La espaciosa casa donde habíamos sido tan felices, lucía triste y algo desolada, a pesar de que todos sus habitantes estaban dentro, había demasiado silencio y preocupación. Mi papá Martín trataba de dar ánimos a sus hijos y a mi mamá Tilita su esposa, según me contaba mi madre y mis tíos. Las anchas paredes de adobe de la casa, que antes daban seguridad a toda la familia, ahora parecían demasiado vulnerables frente a la fuerza de los oficiales de la campaña antichinista. Diariamente los periódicos informaban de los avances que esta tenía, extendiendo su virulencia devastadora especialmente en el estado de Sonora, en cuya capital, Hermosillo, vivía nuestra familia. Mi papá Martín diariamente se mantenía en contacto con algunos de sus mas cercanos amigos chinos, y no chinos, pero los informes de esos contactos no eran lo suficientemente claros para devolver a la familia, y en especial a mi mamá Tilita, la tranquilidad que parecía haber huido de ese hogar.

Uno de esos días llenos de inquietud y sobresalto, tocaron a la puerta del zaguán y por el postigo se pudo observar a dos oficiales que vestían el uniforme militar. Los oficiales explicaron que venían solo a recaudar cierta información sobre la persona de mi abuelo.

Lo hicieron venir y lo interrogaron por un largo rato, recabando información de su origen, sobre la familia que había dejado en China, a la cual frecuentemente recordaba con nostalgia y cariño, con la esperanza de volver a verles algún día, que por cierto nunca llegó.

Algunas veces lloraba cuando platicaba de ellos a sus hijos y amistades. Los oficiales en cuestión se retiraron, no sin antes advertirle a mi abuelo, que por órdenes superiores le estaba estrictamente prohibido salir de su casa a cualquier hora mientras durara el proceso de la campaña en cuestión. Ese día por la noche, vino a visitarlo su amigo el célebre doctor José L. Chon y su esposa Esperanza.

Hacía solo unas cuantas semanas que unos oficiales amigos de él le habían garantizado que su seguridad y la de sus seres queridos, sería respetada, como recompensa por los servicios prestados por este prestigiado galeno chino a muchas víctimas de las temidas fiebres, conocidas como el "cólera morbo", el "vómito prieto" y la "fiebre amarilla", que cobró un número indefinido aunque cuantioso de víctimas, muchas de las cuales recuperaron su salud de tan atroces epidemias, gracias al Dr. José L. Chon. Llegaron pues, a la casa donde mi papá Martín les esperaba y en cuya compañía venía también otro querido amigo de mi papá Martín, don Luis Cinco.

Pasaron muchas horas dialogando en chino, reduciendo en consecuencia el grupo participante. De vez en cuando, hablaban en español como compadeciéndose de los que solo miraban con una mirada perdida y una boca entreabierta, que aunque no entendían nada, no se movían de su lado. Mientras el grupo cerrado dialogaban en su idioma natal, mi mamá Tilita y mis tías, Enriqueta y Lupita, a la que de cariño siempre llamé, "tía Api" preparaban una deliciosa cena para los distinguidos amigos que se hallaban presentes. Al invitarlos a probar los bocadillos que con tanto esmero se les habían preparado, suspendieron su animada y por momentos acalorada conversación y calladamente se acercaron a la mesa. Quisieron probar la exquisita cena que había sido preparada para ellos, pero en lugar de empezar a comer, empezaron a compartir noticias alarmantes de violencia desmedida cometida en contra de otros conocidos de ellos. Mi papá Martín escuchaba en silencio.

Decían que el momento que ninguno de los allí presentes quería que llegara, se estaba acercando. La visita de los oficiales no era un síntoma muy alentador. El Dr. José Chon y su esposa, pidieron algo en que llevar un poco de las delicias que mi mamá tilita y mis tías habían preparado. Se despidieron ya bien entrada la noche y se perdieron después como sombras entre las tinieblas densas y frías que presagiaban que algo funesto y triste estaba por ocurrir.

El día siguiente, muy temprano, fuertes toques a la puerta, alertaron a toda la familia, el momento mas temido había llegado. Nadie fue despertado porque nadie había dormido. Volvieron a llamar, ésta vez con mas insistencia y fue precisamente mi papá Martín el que se levantó, abrazó a cada uno de sus hijos, prolongando mas el abrazo al despedirse de mi mamá Tilita. Me contaban después mis tíos y mi madre que en esos momentos todos lloraban. Fue mi propio papá Martín el que haciendo gala de un control y un valor que desconocíamos en él, se dirigió al zaguán seguido por sus cuatro hijos. El abrió la puerta y en el acto fue detenido por un guardia oficial, mientras mi mamá Tilita y mis tías pedían clemencia con desesperación ante la impotencia de la situación.

Después de ser detenido, el oficial prácticamente lo empujó al carro militar el que a su vez iba lleno de mas víctimas, chinos todos ellos, en cuyos rostros se dibujaba la pena y el dolor. Mi tío Manuel valientemente se enfrentó al oficial y por poco le rompe la cara reclamándole con rabia mas respeto por su padre. La oportuna intervención de los demás hermanos evitó que mi papá Martín se hubiera ido acompañado de su hijo.

José L. Chon, el médico chino, había informado la noche anterior, que el convoy donde podría ir mi abuelo, partiría de la estación del ferrocarril, y hacia allá se encaminó mi mamá Tilita, acompañada por todos sus hijos, menos mi madre, quien se había quedado en casa para reforzar cualquier intento de salvar a mi pobre abuelo. Pero, como podría una mujer sola servir de refuerzo en la soledad de una habitación de la casona familiar para salvar a un hombre cuyo único delito era ser Chino..? Pues de la única manera que sabía hacerlo: "orándole a Dios." Es la forma en que la fe trabaja en momentos de extrema dificultad. Mi madre había alcanzado a decirle a tiempo a mi mamá Tilita: "mamá ten fe. Siento en mi corazón la respuesta de los cielos.! A mi papá Martín no se lo van a llevar.!" Mi mamá Tilita, me contaron mis tíos, que se abrazó llorando sobre el pecho de mi madre, quiso decir algo pero no pudo articular ninguna palabra y en silencio salió acompañada de todos sus hijos con rumbo a la estación del ferrocarril.

Mi mamá Tilita y mis tías, tenían una relación bastante cercana con muchas personas acomodadas, dado que, por la experiencia desarrollada en los secretos culinarios del lejano oriente, en parte transmitidos por mi papá Martín, eran a ellas a las que casi siempre encomendaban la organización de los eventos, tanto oficiales como familiares, que tenían lugar de vez en cuando y la elaboración de los manjares deliciosos y de exquisitos platillos orientales en los que ellas se habían convertidos en cocineras expertas. Uno de esos amigos de la familia que había llegado a la mas alta posición política, era por esos años un alto ejecutivo del gobierno estatal. Este que por una feliz casualidad se encontraba en la misma estación del ferrocarril donde estaba mi mamá Tilita y sus hijos, tratando de adivinar en que vagón estaba su querido padre y esposo, se acercó a ella diciéndole: "Tila que haces tu aquí y porque lloras.? Ella le contestó: "Se llevaron a Martín. En alguno de esos vagones se encuentra. Ayúdeme si puede Señor." Este visiblemente turbado por la noticia le dijo: "Te ayudaré Tila, no llores." Seguidamente ordenó a uno de sus guardias ir a los vagones y localizar a Martín Mar. El guardia en cuestión volvió como en 30 minutos dándole a este la información requerida. Enseguida llamó al oficial encargado del vagón donde iba mi papá Martín y le dijo: "Antes de llegar a la estación de Nogales, haz que este hombre, Martín Mar, salga del vagón, tu me respondes de su seguridad y del cabal cumplimiento de mis órdenes."

El guardia se cuadró respetuosamente ante la autoridad que le daba estas instrucciones y después volvió al vagón que le había sido asignado. Mi mamá Tilita balbuceaba en silencio emocionada, sin poder creer que era cierto aquello de lo que estaba siendo testigo, "Josefina, mi hija sigue orando, sigue orando para que este milagro sea manifestado." Lo que ella no se imaginaba era que el milagro, en las dimensiones superiores de la fe, ya estaba perfectamente realizado.

Tiempo después, al llegar a Nogales, al saltar del vagón en movimiento, mi abuelo emprendió una veloz carrera. El punto en que había sido liberado estaba cerca de donde vivíamos nosotros en la ciudad de Nogales, Sonora y hacia el num. 23 de la Calle Celaya se dirigió veloz.

Estaba amaneciendo y notando que el camión en que mi padre trabajaba ya no estaba frente a nuestra casa, comprendió que Gonzalo su yerno, ya había salido a trabajar. Rápidamente se dirigió a una pequeña tienda sin nombre. Todos le llamábamos la tienda de doña Rafaelita. Ella lo reconoció al instante. Sabía que era mi abuelo, el padrastro de mi madre. Era vecina nuestra. Tenía un gran don de gentes. Mientras mi abuelo sorbía apresuradamente una taza de café caliente que la buena mujer le había brindado, le contó la historia de las pasadas horas y ella previendo cualquier sorpresa oficial, lo hizo pasar al patio de su casa, que dividía a la nuestra un cerco que consistía solo de una red de alambre.

Mi padre tenía al final del patio de nuestra casa, un pequeño cuarto donde guardaba herramienta, ropa de trabajo y demás, y hacia allí lo pasó doña Rafaelita. Mi abuelo entró al cuarto, cerrando cuidadosamente la puerta y acurrucándose en el mas oscuro rincón. Esperó mas de diez horas a que mi padre, que nada sabía de lo que había pasado, regresara de su labor.

Ni bien mi abuelo hubo cerrado la puerta del cuartito de mi padre, llegaron dos oficiales armados a la tiendita de doña Rafaelita, preguntando si no había visto a un chino corriendo por estos rumbos. La buena vecina les dijo que sí. Aquí llegó, continuó diciéndoles, y tomó un café, caliente, aquí está la taza, y después se fue por la calle perdiéndose entre las sombras con rumbo desconocido. Ellos creyeron la historia en su totalidad y salieron disparados en la dirección que la buena vecina les había indicado.

Ya anocheciendo, al llegar mi padre, doña Rafaelita le puso al tanto de la situación y ya alertado planeó cuidadosamente cada paso que deberían de dar a fin de que lo ganado no se comprometiera y se derrumbara lo que ya se había logrado.

Por dos semanas lo mantuvo allí, encerrado. Alimentándolo y sacándolo sigilosamente de noche para hacer sus necesidades, para volver a encerrarse entre las sombras de ese cuartito de mi padre.

De allí, una noche especialmente fría, mi padre trasladó a mi papá Martín, a casa de unos familiares de mi mamá, ubicada en la calle del cerro a unos cuantos pasos de la línea fronteriza entre los dos Nogales. Había en esa casa una pared en donde se había hecho una excavación en el cerro y gradualmente habían formado una recámara excavada en algo que al final quedó como una cueva que fue de allí en adelante compartida como una recámara entre el cerro y el resto de la casa. Ese fue el Segundo refugio de mi abuelo donde pasó como un mes. De allí fue llevado directamente a un cerro cercano donde permaneció por otros quince días, escondido en un sitio ad hoc, mientras el plan ideado por mi padre continuaba su marcha.

Una madrugada fue fijada como la hora de dar el primero de muchos pasos en dirección a Hermosillo, donde ya tenía la protección oficial asegurada.

Caminaron terminando de subir el cerro donde estaba ese refugio natural en que había permanecido escondido.

Bajaron ese cerro y vieron que ante ellos se hallaban muchos cerros mas. Continuaron ascendiendo y descendiendo, cerros grandes y cerros pequeños, pequeños valles, llanos de regular extensión y mas montañas y mas cerros. Mi padre bajaba de vez en cuando a comprar agua y provisión en una pequeña maleta que llevaba consigo a fin de no llamar demasiado la atención. Muchas veces de día y otras tantas de noche se dieron cuenta que otras criaturas les salían al paso como protestando por la invasión a terrenos donde jamás pisaba la planta de un ser humano. De esta forma compartieron gran parte de su marcha penosa con tarántulas de diferentes tamaños y colores, escorpiones, ciempiés, culebras y víboras, coyotes, zorras y demás.

A los quince días, lo mas penoso de la marcha era dar cada paso en la dirección del hogar que le esperaba mas allá de una distancia indefinible. El precio que tenían que pagar por cada paso de esa marcha se convirtió en una queja apagada. La inclemencia de un sol abrazador durante el día se transformaba en frío entumecedor que calaba hasta los huesos durante la noche. Los pies abotagados habían levantado el entorno del zapato haciendo horriblemente deforme zapato y pie y los cordones habían desaparecido entre el sudor, el polvo y el esfuerzo realizado. Las suelas de los zapatos que habían sido comprados entre las mejores marcas parecían ahora de papel. Aunado a esto, la piel se había agrietado en ambos pies y habían empezado a sangrar. Fue entonces que al vigésimo séptimo día de peregrinación forzada llegaron a la altura de Carbó, una de las estaciones del ferrocarril que está mas cerca de Hermosillo, la ciudad de su destino final. Empezaba a amanecer.

Mi padre, evaluando la situación que parecía agravarse demasiado, decidió mandar un telegrama a Hermosillo desde la estación de Carbó a mi mamá Tilita, eran las primeras horas del día 27 de Septiembre del año en curso. Ese mismo día, cerca de las 5 P.M. un taxi, manejado por Jaime Hopper, amigo de la familia, traía a bordo a mi mamá Tilita, a un alto empleado del gobierno estatal y a mi tío Manuel. Mi papá le dijo a mi papá Martín: "Martín espera aquí no te muevas, pero mi papá Martín fue vencido por la gran emoción del reencuentro y quiso correr ya sin zapatos que se habían separado de unos pies en los que el zapato ya no cabía. Mi papá Martín dio tal vez unos dos pasos y cayo exhausto, tropezando al caer con una piedra y allí mismo se le acabaron de desprender las uñas de algunos dedos de sus pies. Al descender del carruaje mi mamá Tilita se quería contener. De repente se le escapó un grito que rasgó el aire que soplaba comenzando a refrescar la tarde del día que moría.

Mi mamá Tilita lloraba con la intensidad de ese momento, único en la vida de ellos. Mi tío Manuel decía: "nunca he llorado como ese día en que volví a ver a mi padre. Con la piel de su cuerpo reseca, deshidratado, sus pies reventados por la increíble caminata, por lo mas inhóspito de la sierra, pero allí estaba mi padre de nuevo ante mi y yo sentía que abrazaba un milagro." Era un llanto de amor, de gratitud pero era también un llanto que contagiaba. El encuentro entre los dos, mi papá Martín y mi mamá Tilita fue muy emotivo, algunos rostros miraban a tierra, otros al cielo, otros a la distancia, como queriendo disfrazar la intensidad de la emoción de la que nadie se podía sustraer, pero en todos los ojos había lagrimas, pero ahora de felicidad.

Hasta sus 83 años mi querido padre gozo de una excelente salud. La gradual instalación de un cáncer prostático anunció que el final se acercaba veloz. Siempre supo que no estaba solo. La relación cercana con un amigo llamado Jesús, al que muchos años atrás había conocido en un teatro Lírico de Nogales, Arizona, con el paso de los años se hizo mas fuerte y mas intensa. Sabía que ya en poco tiempo le vería cara a cara y en medio de los terribles dolores mantuvo firme la fe y la inamovible confianza en Cristo. Creo que allí comprobé que los dolores con Jesús son menos.

Como la muerte de mi padre fue una muerte anunciada. Tuvo tiempo de llamarme a su lecho el mismo día que murió, para darme las gracias y bendecirme. "Me dijo: tu hija, haz sido para mi como una madre. Gracias por tus cuidados. Yo te bendigo con todo mi corazón y le pido a Dios que el también te bendiga y premie tu bondad. Haz cumplido hija, haz cumplido."

Pidió así mismo que todos mis hijos se colocaran al rededor de la cama, se despidió de cada uno de ellos y los bendijo uno por uno.

Y después se quedó como dormido. Sabía que tenía una cita con su destino superior y tal vez en silencio, se preparaba para cumplir con ella cuando el momento llegara. Su viaje por la vida estaba a punto de concluir y el lo sabía. Había en su mirada un sólido estoicismo cuando el final llegó, pero fue superado por la fe, se veía expectante y sereno.

No recuerdo haber visto en su rostro una expresión mas tranquila y reposada de paz y quietud que aquella que tenía una vez que hubo partido a una vida mejor. Quedamente cerró sus ojos, tal vez por la intensidad del resplandor de la luz que percibía. Yo desde estas líneas bendigo su recuerdo.

La alternativa entre saber o no saber

"Descubriendo una realidad ocultada por toda una vida, en un cuarto de hora"
Neburi42. (1948......)

La alternativa entre saber o no saber

Algunos años después, ya casada y con cuatro hijos, empecé a darle forma a una idea que tercamente se mantenía muy unida a mi mente. La casa familiar, de mis abuelos, y donde residieron mi madre y sus hermanos, y después, por un tiempo nuestra familia también, fue diseñada con el perfil arquitectónico de aquellos lejanos tiempos. Las paredes anchas de adobe, la puerta que daba acceso al zaguán, el postigo, y las barras de acero que la protegían. Había sido construida desde los tiempos de los padres de mi mamá Tilita. En cada pared de cada habitación, había un trozo lleno de nostalgia de alguna foto, algún recuerdo, de algún evento triste o quizás alegre de la historia familiar. La casa numero 285 de la calle Hidalgo, era pues un mosaico de lágrimas y risas que para los que la habitaban era el molde en que tres o cuatro generaciones se habían formado. Había pues raíces, había historia había vida que el tiempo por mucho tiempo siempre pareció respetar.

Por las tardes, antes de que el sol se ocultara en el poniente, mis tías y mi mamá, con la esporádica participación de algún otro miembro de la numerosa familia que integraban, nos reuníamos a platicar las noticias del día, a tomar café con "coyotas del pueblo".

Eran reuniones que nunca se planeaban, lo que aumentaba mas su espontánea delicia. La mezcla del aroma a tierra mojada cuando diariamente en tiempos de calor, mi tía Lupita regaba la tierra y sus innumerables macetas y arbustos, bajo la sombra de los grandes yucatecos que había distribuidos por allí completaban el marco feliz de este encuentro cotidiano. Sucedió que un día salí al patio de la casa y vi que mis tías Enriqueta y Lupita tranquilamente platicaban. Me invitaron a sentarme con ellas y así me vi de pronto en las circunstancias, por tanto tiempo deseadas, para hilvanar una pregunta que para mi era crucial y eran ellas, mis queridas tías, las que mi corazón me decía, sabían la respuesta. Tías, Lupita y Enriqueta, les dije. Ustedes saben perfectamente bien que son la única familia que tengo y saben que las amo. Yo, como ustedes, también disfruté a mi mamá Tilita y han sido siempre mi apoyo, desde que empecé a caminar de la mano de mi madre hasta que ella partió con el Señor y así hasta este momento. Hace mucho que deseaba que las circunstancias estuvieran a mi favor y hoy que estamos solas quiero preguntarles algo que ha estado guardado en mi corazón por muchos años y de lo que quisiera liberarme ahora. Cuando dije estas últimas palabras, mi tía Lupita que acercaba a su boca la tasa de café, volvió a colocarla en la mesita, sin tocarla, me miró fijamente y las lágrimas empezaron a brotar de sus ojos. Mi tía Enriqueta, apoyó sus manos en la silla en actitud de ponerse en pie, pero continuó sentada y yo proseguí: "quiero saber quienes son mis padres biológicos, por favor…" Las dos tías tan queridas para mi lloraban, y yo también lloraba. Después de algunos intentos de querer hablar sin poder lograrlo, mi tía Enriqueta me reveló la verdad.

El nombre de mi madre biológica y su domicilio donde residía.

Con esto, el siguiente paso ya estaba decidido.

Fueron instantes muy intensos que marcaron mi vida, en ausencia de una madre que partió a un mejor lugar, sin ser testigo de la revelación de esta verdad, cuya interrogante sin resolver, le restó a mi vida, plenitud y significado por muchos años.

Mi tía Lupita guardó total silencio, pero tampoco hizo falta que hablara. Hay momentos en que el silencio suele ser también una muy valiosa opinión.

Un encuentro inevitable

"La que nunca fue su hija encara a la que nunca fue su madre."
Neburi42 (1948…)

Un encuentro inevitable

Llegamos mi esposo, mis hijos y yo a la dirección que mis tías me habían dado. Quería evitar que el nerviosismo me traicionara, pero no podía dejar de sentir un leve estremecimiento que de vez en cuando recorría todo mi cuerpo. Frente a la casa que buscaba había una tienda, de la que, en ese momento, salía una muchacha que me pareció agradable y educada. Me dirigí hacia ella y le pregunté si sabía donde vivía la señora Elsa. "Aquí sígame," me respondió sonriente, "es mi mamá."

Quise decirle que yo era su media hermana, pero me detuve. Sentí que debía esperar a la persona que había ido a buscar. Nos aproximamos a su casa. Ella abrió la puerta. Una señora de tez apiñonada, y facciones finas y cabello entrecano, se asomó en compañía de algunos de sus hijos y amablemente se dirigió a mi: "Yo soy Elsa a sus ordenes" me dijo. "En que puedo servirle?"

Sin mas rodeos le respondí: "Mi nombre es María Rebeca, y soy la hija que usted regaló al nacer, recuerda?"

Me impresionó mucho ver como el efecto de mi directa identificación, transformó su rostro en un instante, allí frente a mi, abrió mucho sus ojos, quiso decir algo y se quedó boquiabierta. De repente su color apiñonado se tornó cenizo su expresión era entre asombro y terror. Finalmente y sin quitar sus ojos de mi empezó a balbucear, "eres, eres" y soltó el llanto. Sus hijos, amablemente nos habían dado el paso y todos estaban siendo testigos mudos de este estremecedor diálogo tan intenso como inesperado.

Ellos también junto con su mamá lloraban sin quitar su sorprendida mirada de mi.

Miré después como una anciana de cabellos muy blancos y brillantes, se puso de pie sosteniéndose de una silla. Era doña Rosita, madre de Elsa, a la que en otras circunstancias hubiera llamado abuela. Observé que sus dos manos temblaban al enterarse de la identidad de la inesperada visitante. Se acercó a mi con dificultad. No habló mucho, solo me miró con mucha tristeza y tomando mis manos entre las suyas me dijo: "perdóname, perdónanos." Era una voz llena de amargura. Los rostros de mis medios hermanos, reflejaban también asombro, un asombro matizado con bondad. De sus ojos enrojecidos por el llanto, aun brotaban lágrimas y me llamaban diciendo: "eres mi hermana, mi hermanita."

Cuando me tocó el turno de hablar, no fue fácil hilvanar mis pensamientos. Una vez que pude poner en orden mis ideas, les dije:

"He venido a conocerla a usted y a mis medios hermanos. No para reprocharles nada. Mi vida ha sido muy afortunada. La razón que me trae aquí es para que los dos grupos familiares se conozcan a fin de evitar que por alguna circunstancia azarosa de la vida, se pudiera dar alguna relación sentimental ignorando que pertenecen al mismo grupo familiar y evitar así problemas mayores." Ellos parecieron estar de acuerdo.

Nos invitaron después a sentarnos a la mesa. Nos ofrecieron café. Que no obstante ser toda mi vida mi bebida predilecta, apenas si lo probé. Hubo intentos de hilvanar una conversación, pero el tema central era algo incómodo, que nadie quería tocar y que hacía imposible que surgiera la plática espontánea, cálida y familiar.

Me puse a sus órdenes y al despedirme de Elsa le di mi dirección. Ellos no dejaban de mirarme y encontrarme parecidos con otros parientes que yo nunca conocí.

Pensé que de pronto podría hacer su aparición el rencor o la amargura y ensombrecer mi vida, pero eso nunca sucedió. Fue un momento intenso, si, inolvidable pero que no me amargó jamás ni modificó en lo mas mínimo las profundas y sólidas raíces que me unían con aquellos que me dieron su amor y su cuidado y que sin ser mis padres biológicos fueron el mejor regalo que me dio la vida.

Las visitas de Elsa

"El amor no se engendra ni se concibe por un gameto… se lleva o no se lleva en el corazón."
Neburi42. (1948……)

Las visitas de Elsa

Para mi sorpresa, un día fue Elsa la que llamó a mi puerta. Repitió su visita un par de veces. Supe después por ella que mi padre biológico ya entrado en años hacía tiempo que había fallecido.

Las pláticas con ella no fueron muchas, pero fueron suficientes para poder sentir aquello que parecía hervir dentro de ella, detrás de sus palabras. Había sin duda una realidad dolorosa y aunque distante en el tiempo, estaba también muy cerca de ese momento en que evocó, conmigo allí enfrente de ella, recuerdos sepultados por muchos años atrás. Era inevitable pensar en aquel hombre joven, esbelto y de caminar resuelto que la miraba furtivamente por instantes muy breves pero con gran intensidad. Era especialmente amable con ella.

Tenía un tremendo parecido con su padre, don Humberto, un hombre respetable y de gran estima entre los habitantes de la pequeña ciudad. Alonso sin duda se sentía atraído por Elsa, pero debía cubrir esta atracción, con mucha inteligencia, de Fernanda la hermosa novia que su familia, a la usanza de los viejos tiempos le habían prácticamente asignado. Era bonita, y en los mejores círculos sociales disfrutaba de gran estima. Muchos otros muchachos la habían pretendido, pero Alonso, estimulado por la aceptación de que ella gozaba en toda la comuna familiar, decidió también cortejarla y ella esta vez si le correspondió. Era su primer novio y entre tantos fallidos pretendientes el se sentía un privilegiado. Pero Elsa, ella era otra cosa. Se podía adivinar, detrás de esos ojos de mirada expresiva y dulce la fuerza de un corazón lleno de amor y mientras mas sentía que las furtivas miradas de Alonso la inquietaban, mas trataba de disimular la emoción que ello le producía. La amistad lentamente daba paso a un sentimiento nuevo.

"Un día, me dijo Elsa, en una de las últimas visitas que me hizo, la familia entera tenía un compromiso que se anticipaba muy especial. El único ahijado de don Humberto, Juan Armando, se acababa de recibir de Licenciado en Derecho, en la ciudad de México y festejaban sus padres su regreso convertido en todo un brillante profesional y toda la familia se disponía a asistir al evento.

Todos se prepararon para estar a tiempo en este compromiso, todos menos Alonso, a el no le interesaba llegar a tiempo, llegaría tarde o tal vez no iría. Tocaron a la puerta de mi casa. Me sorprendió verlo allí de pie, frente a mi cuando yo lo hacía participando de la reunión planeada, sonriendo, como era habitual en el. Se acercó a mi tomó mi mano y mirándome a los ojos me dijo que me amaba, estábamos solos, yo le dije que se retirara y el lo hizo, retrocedió un poco y me confesó que desde el primer día en que nos conocimos el se había sentido atraído por mi. No supe que hacer, ni que decir, era yo muy joven y esa era la primera vez que tenía frente a mi a un hombre apuesto por el cual yo también sentía algo. Sin embargo, continuó ella diciendo, "yo no podía disimular el nerviosismo que aquello me causaba, pero, lo que mas me sorprendió fue cuando me dijo muy sereno: "perdóname solo vine a decirte esto, tenlo presente, te amo… y diciendo esto salió por la puerta por donde había entrado, tomó su carro y partió …"

"Así empezó todo. Me cautivó su respeto y caballerosidad. O tal vez era ese su sistema de seducción, nunca lo supe" dijo. "A través de el conocí el amor y poco a poco me fui sumergiendo en un ensueño de amor prohibido, del que solo desperté cuando supe que una vida nueva se movía dentro de mi. Lo demás ya lo sabes," me dijo. Elsa tenía la voz quebrantada por la emoción cuando pronunció las últimas palabras. Había lágrimas en sus ojos que resbalaban lentamente como si alguna vergüenza, sin poder lograrlo, las tratara de frenar. Tampoco esta vez tomó el café que por segunda ocasión le había cambiado por otro mas caliente, también este se le enfrió. El momento también se enfrió por un rato, las palabras también parecieron enfriarse. Ni a ella ni a mi nos venía nada para hablar y auque las palabras permanecían frías, los sentimientos en su corazón hervían. Lo noté sin ninguna duda, cuando me dijo: "En algún momento, te imaginaba en mis brazos, junto a mi pecho. Seguido me preguntaba como sería la vida para mi si en lugar de hacerle caso a un mal consejo, hubiera escuchado la voz de mi corazón que me decía, es tu hija, es tu hija, no tiene a otra madre solo te tiene a ti." Metió su mano a su bolso y sacó un sobre pintado de sepia por los años. Quería hacer un diario me dijo, pero mi mente solo me ayudó para llenar una hoja." Me extendió la hoja medio borrosa por el tiempo, pero aun legible que conservé por muchos años, y cuyo ingenuo mensaje, escrito por una adolescente confusa, desesperada tal vez y deprimida, decía así:

"*Una flor, va a nacer una flor, una flor muy tierna y muy bella. Las flores se regalan para que den fragancia y adornen una mesa. Yo no soy para esta flor. Esta florecita no es para mi. Perdóname. Entre mis ojos te llevaré siempre y en mi corazón, de aquí nadie te apartará. Así como es de grande mi pesar será de grande la dicha de los que te vayan a amar. Perdóname bebé, tal vez algún día me perdonaras.*" Octubre 1928.

Entendí su dolor, me imaginaba su dolor. Reconocía que era una mujer valiente para estar frente a frente con aquella que había despreciado. Pero a pesar de toda esa pena que tenía frente a mi, sabía que ella era una extraña que me causaba cierta compasión pero a la que nada me ligaba a su evidente pesar.

No obstante haber nacido un 11 de marzo del año mil novecientos veintinueve, cuando yo abrí los ojos al mundo del amor que me esperaba en el hogar de mis padres adoptivos, fue a mediados de Julio de ese mismo año, después de cuatro meses de buscar quien se interesara en adoptarme. Estoy totalmente segura que esa adopción fue lo mejor que me pudo pasar. Se abría para mi el camino de mi destino en este mundo.

Esa vez fue la última vez que vi a Elsa, mi madre biológica. Meses después supe que había fallecido. El recuerdo que tengo de ella es el de la imagen de la tristeza y del pesar, por un hecho muy difícil de entender cometido por una mujer que en el fondo era noble. Nunca la juzgué, ni la desprecié, estos sentimientos nunca han sido compatibles con mi forma de ser, pero tampoco sentí amor por ella, pues ese sentimiento se genera a través del tiempo en medio de las circunstancias que haya que vivir al amparo de los que nos aman sean estos nuestros padres biológicos o no. Mi viaje por esta vida no podría haberse iniciado mejor y el paso de los años lo confirmó.

17 años de servicio gozoso

"Abriendo surcos entre la maleza y encendiendo luces en la oscuridad"
Neburi42. (1948......)

17 años de servicio gozoso

Durante la década de los 60 y por 17 años consecutivos desempeñé el puesto de Presidenta Territorial de la Conferencia del Pacífico de la Iglesia Santa Pentecostés. Recordar todas mis experiencias durante esos años de continuo trabajo y enriquecimiento espiritual, no sería una tarea fácil.

Son tantas y tan variadas las lecciones aprendidas, y las experiencias vividas a lo largo de ese tiempo, que no podría enumerarlas todas en unas cuantas hojas. El programa de expansión de las actividades a mi cargo, incluían la visita a algunos lugares, muchos de los cuales jamás los había oído nombrar. Daban la apariencia de ser anteproyectos urbanos interrumpidos y olvidados.

Sin haberlo soñado, nunca esperé conocer esos lugares. Pero quiso Dios que llevara hasta esos pueblos el vínculo que los unía a una comunidad Cristiana en constante crecimiento con sede en Ciudad Obregón, Sonora.

No sabría cómo extraer las memorias, y mis recuerdos de esos tiempos inolvidables, sin incurrir en alguna involuntaria omisión.

Quiso Dios que un día, cuando menos lo esperaba, volviera a establecer comunicación con una mujer que manejó con maestría los delicados hilos de nuestro querido Instituto Bíblico ELIM, y que gracias a su esfuerzo, capacidad y dedicación a Dios, logró que el Instituto bíblico mencionado dejara una marca en los estudiantes que entre estudio, necesidades y bendiciones lograran prepararse y finalizar exitosamente su entrenamiento para desarrollar el delicado trabajo espiritual al que habían sido llamados.

La hermana Guadalupe Carmona, Lupita Carmona para los que la amamos, ha dejado en mi, y estoy segura que en todos los que la conocieron, la marca de excelencia, compromiso y ejemplo con que asumió y desarrolló siempre sus funciones.

Sé de antemano que incluir la carta donde comenta algo de mi persona, podrá tal vez no sonar modesto, pero para mi es una satisfacción y una bendición compartirlo a todo lector de buena fe.

Privilegio de los Hijos de Dios

Considero un privilegio de parte de Dios, mi estancia en Mexicali, B.C. para servir como Directora del Instituto Bíblico, ELIM. Fue en el año 1967, cuando me hicieron la invitación para que prestara mis servicios, invitación que acepté con corazón voluntario. Dios me concedió servir hasta el año 1973. Durante estos años estuve rodeada de gente muy valiosa, sincera y generosa. Entre ellas estaba la hermana María Islas.

La hermana María servía como presidenta de damas a nivel conferencia. Ella siempre se presentaba en las caravanas, actividad que se hacía para llevar aportación para la marcha del Instituto. La hermana siempre nos bendijo con sus sermones, sus consejos y su carisma, y siempre llegaba a visitarnos con manos llenas de bendiciones materiales. "Que bendición hermana María..!" Su cooperación, su esfuerzo y su trabajo en el Señor tendrá recompensa celestial.

Siempre consideré a la hermana Islas una buena cristiana y una buena amiga. El trabajo en el Señor no es en vano. Hay tiempos de segar.

Con mucho respeto y cariño cristiano.

Lupita Carmona

Nuestra hermana Carmona aún milita activamente en las filas del Maestro. Yo desde aquí le deseo que Dios le conceda muchos años de vida, salud, bendición y éxito en unión de todos sus seres queridos.

Milagros, bendiciones y cuarta generación

"Mi vida es una acumulación de años y bendiciones hasta la cuarta generación."
Neburi42. (1948......)

Milagros, bendiciones y cuarta generación

Estar ahora compartiendo contigo mis experiencias a través de las páginas de este libro es una bendición que sólo ha sido posible por los milagros con que la Gracia de Dios nos ha bendecido, permitiendo que nuestra vida continúe, tras habernos librado de enfermedades, accidentes y a veces hasta de la misma muerte.

El día 6 de octubre del año 2007 se quedó grabado para siempre en mi corazón en unión de mi hija Silvia, y de nuestras amigas Angélica, Ceci y Dalia que nos acompañaban. Regresábamos de una reunión, de Estación Corral. Eran como las 10 de la noche y todo parecía transcurrir sin mayor sobresalto. La serena marcha del tiempo parece ser algo natural en algunas pequeñas ciudades, que cada vez son menos, y Estación Corral era una de ellas. Había una obscuridad muy densa. Llegamos sin ninguna novedad al cruce de las vías del ferrocarril. No habíamos avanzado ni dos metros, cuando pasó el tren a toda velocidad sin ninguna luz o señal de sonido. Cuando nos dimos cuenta, exclamamos todas: "Hay poder en la Sangre de Cristo.!" Ciertamente, como es normal nos dio miedo, pero al final el señor nos libró de la muerte. Salmo 34:7 "El Ángel del Señor acampa al rededor de los que le temen y los defiende."

Una noche en el mes de diciembre del año 2007, estábamos disfrutando de una bonita posada en Hermosillo Sonora en casa de mi hija Beky, cantando villancicos, cuando se dirigió a mí y me pidió que cantara el conocido canto Noche de Paz. Yo no contesté nada y mí hija dijo: "mi madre ya está cansada, verdad mamá.?" Yo sólo contesté algo balbuceando. Mi hija dijo mi mamá no está bien y al verme totalmente como ausente y sin fuerzas, oraron por mi las 15 personas que estaban en dicho evento. Cuando volví en sí, después de unos momentos angustiosos, pregunté que estaban haciendo. Me llevaron al hospital urgentemente me hicieron estudios especiales de los cuales salí bien. Apareció que sólo fue un coágulo deshecho. Salmo 116: 6 y 7. "Vuelve Oh alma mía a tu reposo porque el Señor te ha hecho bien. Pues tu haz librado mi alma de la muerte, mis ojos de lágrimas y mis pies de resbalar."

El mes de febrero del año 2009 fuimos a Hermosillo a un evento del hermano Morris Cerullo. Cuando regresábamos a casa en Esperanza, Sonora, de repente salió de entre las ramas un indigente, seguramente mentalmente perturbado. De repente arrojó con todas sus fuerzas un pedazo de tronco de un árbol impactándose contra el vidrio de enfrente donde venía a mi hija Silvia y su esposo Samuel que conducía el vehículo y yo.

Clamamos de nuevo la Sangre de Cristo y continuamos nuestro camino mirando Samuel, mi yerno, sólo por un limitado espacio que había en el vidrio astillado. Así pudimos llegar sanos y salvos. Cuando pasó ese incidente veníamos escuchando las bellas predicaciones del hermano Morris Cerullo. Salmo 63:3 "Porque mejor es tu misericordia que la vida, mis labios te alabaran."

En el mes de Julio del año 2010 en los Ángeles, California, estando en casa de mi hija Sandra, comencé a sentirme mal de mi brazo izquierdo.

Mi hija llamó a los paramédicos. Me llevaron al hospital más cercano donde me practicaron algunos estudios. El diagnóstico fue: angina de pecho, y amenaza de infarto. Después de dos días salí del hospital, perfectamente restaurada y sin ningún síntoma de algún mal. Salmo 23:4 "Aunque ande en valle de sombra de muerte, no temeré mal alguno porque tú estás conmigo."

En el área de San Gabriel, California, una hermosa mañana mi hijo Rubén y yo nos dirigíamos a desayunar a un conocido lugar. El clima era cálido y aunque aún era temprano, un hermoso sol iluminaba el día. Las ventanas del auto iban abiertas y una animada conversación casual, amenizaba nuestro viaje. Repentinamente la luz del día se ensombreció y ante nosotros apareció una rara sombra. Y aunque no pudimos identificar de inmediato de qué se trataba, nuestro instinto de conservación hizo que mi hijo y yo cerráramos rápidamente las ventanas del automóvil que el conducía y en ese mismo instante pudimos ver alarmados cientos de abejas que se dirigían a nuestro carro. De inmediato nos protegimos clamando el poder de la Sangre de Cristo, mientras que por un momento esa nube de abejas cubría toda área de visibilidad. En cuestión de segundos procesamos la amenaza mortal pero también el milagro que después de algunos instantes las había alejado de nosotros. Parecía que la muerte nos había elegido como un blanco certero, porque de un ataque semejante no había posibilidades de sobrevivir. Cuando ya todo pasó pudimos tener una idea de la magnitud de lo sucedido y del milagro que nos salvo la vida a mi hijo y a mi. Concluyo mi testimonio recordando a alguien que, personalizando los primeros versículos del Salmo 91, acertadamente dijo: "El que habita al abrigo del Altísimo morará bajo la sombra del Omnipotente. Yo habito al abrigo del Altísimo, yo moro bajo la sombra del Omnipotente." Ese día no había un mejor momento para recordar agradecidos esa gran verdad.

Bisabuela desde los 80 años

El 15 de Diciembre de 2008, fui bisabuela por primera vez. Gracias a Dios por permitirme y darme esa bendición. La niña nació en el hospital San José en Ciudad Obregón Sonora. Mi primer bisnieta se llama Renée Isabela Fuller Ávalos. Y el día 4 de Julio de 2010, desfiló Renecita vestida de alemana, siendo alumna de la escuela Montessori. En esa ocasión yo la acompañé llevándola de su manita. Todos los alumnos de esa escuela le dieron la vuelta a la cuadra. Y yo me sentí soñada y orgullosa de acompañar a mi bisnieta en este desfile.

El 12 Junio de 2010, nació mi Segundo bisnieto al que pusieron por nombre David Fuller Avalos. Nació en Phoenix, Arizona, a las 7:33 P.M., en el, hospital Saint Joseph, gracias a Dios por esa bendición.

El 10 de Diciembre del 2010, a las 8:55 de la mañana, nació mi tercer bisnieta, Sarah Rogel Avalos, en el Hospital San José de Hermosillo, Sonora, y con ella mi tercera bendición.

El 23 de Octubre del 2014 a las 7:44 de la mañana, nació mi cuarto bisnieto Samuel Efraín Uribe Sepúlveda, en el hospital Licona de Hermosillo, Sonora. Me siento también bendecida con mi cuarto bisnieto.

Salmo 127: 3, 4, 5. "He aquí herencia del Señor son los hijos, cosa de estima el fruto del vientre. Como saetas en manos del valiente así son los hijos habidos en la juventud. Bienaventurado el hombre que llenó su aljaba de ellos. Nunca será avergonzado cuando hablare con los enemigos en la puerta."

Epílogo

"Una conclusion es el lugar donde se llega cuando uno se cansa de pensar"
(Anónimo)

"El cuerpo de la abeja no ha sido diseñado para volar, lo bueno es que la abeja lo ignora."

EPÍLOGO

Cuentan que en una ocasión un estudiante se acercó presuroso a su maestro y muy emocionado le dijo: "Maestro déjeme decirle que estoy muy impresionado porque he tenido un accidente automovilístico en el cual mi carro ha quedado totalmente destruido, pero yo aquí estoy sin haber sufrido la más mínima lesión. Quería cuanto antes compartirle este milagro." El maestro serenamente le respondió: "sí ya veo gracias a Dios que estas bien. Pero déjame decirte que ahora yo he tenido un milagro superior al tuyo." Un poco turbado el estudiante le preguntó: "qué milagro tuvo usted maestro.?" El maestro tranquilamente le respondió: "yo no tuve accidente.!"

Si no lo haces todavía, incorpora en tus oraciones diarias el dar gracias a Dios por aquellos milagros increíblemente maravillosos y espectaculares pero no percibidos por ti. Por ejemplo: al salir y regresar a casa sanos y salvos, no demos por hecho que nada pasó. Hay una guerra constante, que libran nuestros custodios angelicales a nuestro favor, mandados por Dios, desde la dimensión espiritual que es "la dimensión de las causas" y cuyos destellos a veces se reflejan en nuestra dimensión material de tiempo, espacio y movimiento. Es decir, en "la dimensión de los efectos o resultados." No se de que manera Dios me ha librado de tantos percances que sin su ayuda no hubiera podido sortear y vivir para contarlo. No se como he podido tener control, ante el dolor que desgarra el corazón cuando se han ido los que he amado y he tenido que entregarlos a Dios antes de dar paso al pesar. No se como pude ser presidenta por 17 años, no se. No se como puedo aun estar flotando donde otros se han hundido, no lo se. Este pensamiento llegó un día a mis manos en una tarjeta de tamaño postal en donde aparece una abeja volando en torno a una flor:

> "El cuerpo de la abeja no ha sido diseñado para volar,
> lo bueno es que la abeja lo ignora."

Yo no lo se. Es probable que tu tampoco lo sepas. Te sugiero que ignores tus limitaciones y deja que a pesar de esas limitaciones se glorifique el que te creó. Mientras, déjate guiar y sigue volando mas y mas alto, sigue, sigue volando.

A mis 86 años aun sigo en el mismo viaje y voy al mismo destino **y como yo no soy mi cuerpo, mi destino tampoco es el panteón**. Mi cuerpo, como todo lo que es materia, algún día volverá a la tierra. Pero mi destino está con Cristo en los cielos, mas allá del sol. Es posible, quien sabe? si pudiéramos continuar en diálogo, allá en la gloria, lo que aquí el escrito, de seguro no logró cubrir. Considera ésta clave: en las afueras de la ciudad vieja de Jerusalén, la capital del estado de Israel, hay un monte llamado Gólgota. Es probable que cerca de allí, el tiempo haya respetado una tumba que desde hace dos milenios permanece vacía. No tienes que viajar allá. La Biblia es la brújula la fe es el vehículo y Jesús, el hijo de Dios, es el destino. Orienta hacia los cielos tu brújula, desde cualquier lugar en que te encuentres, para asegurar el rumbo de tu vuelo. Cuando llegue el día, tu arribo será cierto. Si lo haces, con toda seguridad, allá nos encontraremos.

Buen Viaje!

"CRÓNICAS DE UN VIAJE INOLVIDABLE"

{Anexo}

por

María Rebeca Arredondo González

Dos semanas de bendición que siempre me acompañarán durante el resto de mi travesía por esta vida, en el mismo lugar donde la sangre de la redención, dividió la historia humana y alcanzo mi corazón. Ser testigo de esto, en el lugar de los hechos, es algo que lo deja a uno buscando, sin poder encontrar, las palabras adecuadas y es cuando sobreviene el silencio, ese silencio mediante el cual la voz del alma se empieza a oír.

Dedico estas
CRONICAS DE UN VIAJE INOLVIDABLE

con amor y gratitud a cada uno de mis hijos

"Cuando mi corazón se deleitó en las mismas raíces de mi fe..!"

"CRÓNICAS DE UN VIAJE INOLVIDABLE"

Dedicatoria:

Dedico este diario de mi viaje a Tierra Santa a mis queridos hijos,: Rubén, Ramón, Josefina, Becky, Dinah, Silvia y Sandra, Islas Arredondo.

Tomando la iniciativa de este viaje mi hija Dinah, animando a sus hermanos para que yo fuera a Israel, Egipto, Cairo y Roma, en el grupo del Pastor, el Reverendo Juan Carlos Ortiz, con mis amigos los organizadores del viaje Alejandro y María Luisa Alvarado.

Primeramente agradezco a Dios éste privilegio, porque de él vienen todas las bendiciones.

Agradezco a mis hijos la demostración de su amor por mi y los bendigo.

Con amor su madre

María Rebeca Arredondo González

Salmo 34:10
Salmo 37

Llegando al aeropuerto David Ben Gurion en Tel Aviv

"MI VIAJE A ISRAEL"

AM ISRAEL JAY
(El Pueblo de Israel vive.)

Por María Rebeca Arredondo Gonzáles.

"CRÓNICAS DE UN VIAJE INOLVIDABLE"

<u>Salmo 122</u>

V.1 Yo me Alegré con los que me decían, a la casa del Señor iremos...

V.2 Nuestros pies estuvieron dentro de tus puertas, Oh Jerusalén...

V.3 Jerusalén, que se ha edificado como una ciudad que está bien unida entre si...

V.4 Y allá subieron las tribus, las tribus de Jah, conforme al testimonio dado a Israel para alabar el Nombre del Señor...

V.5 Porque allá están las sillas del juicio, los tronos de la Casa de David...

V.6 "Pedid por la paz de Jerusalén, sean prosperados los que te aman..."

V.7 Sea la Paz dentro de tus muros, y el descanso dentro de tus palacios...

V.8 Por amor de mis hermanos y mis compañeros diré yo: La Paz sea contigo...

V.9 Por amor a la casa del Señor nuestro Dios buscaré tu bien...

"Mi viaje a Israel..." Un sueño hecho realidad!

A la tierra de este pueblo Dios me permitió visitar y nadie mejor que Mark Twain, (1835 - 1910), puede describirle. Mark Twain, el gran escritor Americano alguna vez dijo con respecto al pueblo de Israel y los Judíos: "Si las estadísticas son correctas, los Judíos constituyen el uno por ciento de la raza humana. Es como una nebulosa partícula de polvo dentro del polvo estelar perdido en la grandeza de la vía láctea. Realmente no debería de escucharse nada acerca del judío, sin embargo se oye acerca de él, y siempre se ha oído. Es tan prominente en el planeta como cualquier otra persona, y su importancia comercial está extremadamente fuera de proporción dado su pequeñísimo tamaño.

Sus contribuciones a la lista de grandes nombres en el mundo, en literatura, ciencia, arte, música, finanzas, medicina, aprendizaje tenaz, etc. esta también fuera de proporción por la mínima cantidad de sus miembros. Ha peleado de una manera excepcional en el mundo, en todas la épocas, y lo ha hecho siempre con las manos atadas. Podría ser infructuoso y tener una buena excusa para serlo. Los Imperios Egipcios, Babilonios y Persas, crecieron, llenaron el planeta con sonido y esplendor, y después desaparecieron como parte de un sueño. Después aparecieron los Griegos y los Romanos e hicieron mucho ruido pero también desaparecieron. Otros pueblos, asimismo, han crecido y mantenido su antorcha prendida por algún tiempo, pero finalmente se les apagó y ahora viven en la obscuridad o ya no existen. El Judío estuvo ahí, observó a todos y les ganó a todos, pues ahora es lo que siempre fue. No ha mostrado decadencia ni pérdidas por los años, ni se han debilitado sus partes. Tampoco han disminuido sus energías, se han mantenido alertas y su mente agresiva no se ha adormecido. Todo es mortal, excepto el Judío; todas las demás fuerzas pasan, pero él se mantiene. Cuál es el secreto de su inmortalidad?

Frente a mi la tierra santa teniendo como escenario
el mar mediterráneo y el cielo de Israel.

EL PRESENTE Y EL PASADO DEL PUEBLO DEL LIBRO
"ISRAEL"

Días antes de emprender esta singular aventura y de paso esta bendición que nunca imaginé, "mi estancia de unos días en Israel", venían a mi mente algunos pensamientos con respecto a esta tierra clave donde empieza la historia del hombre, el tiempo y el universo. Por mi mente pasaban veloces figuras de pensamiento que formaban conceptos mentales de lo que había leído en la Biblia o en libros de historia sagrada. Ir a la tierra donde se originó el Shabbat, el día bendecido, consagrado y ordenado por Dios a su pueblo, donde se transformó el desierto en floresta y tuvieron lugar los milagros que iniciarían la historia de reyes, sacerdotes y profetas, era una especie de ensoñación, es decir, algo que, por momentos, parece tocar la realidad con la fantasía. Imaginarme yo caminando por las calles empedradas y sinuosas de la ciudad vieja de Jerusalén, conocida en hebreo como "Ir HaAtikà," o la ciudad antigua, era simplemente algo que jamás pensé que fuera posible, pero sabía que dentro de unos días lo imposible se convertiría en realidad..!

Llegar a la ciudad de los Ángeles, California, aumentó más aún la emoción de ver como la trama del hilo de la vida, movido por la mano de Dios, empezaba a desvanecer la fantasía y a dar paso a la realidad. Estar ya dentro del avión de "Alitalia" hizo latir con fuerza mi corazón. El sueño se convertía poco a poco en realidad y cuando ésta aeronave se elevó a las alturas, me sentí ya candidata calificada a vivir esta experiencia bendecida y a narrarla, para deleite de los que empiezan ya a soñar con ser, como lo fui yo, testigos de lo que fue el escenario de la historia eterna.

Al llegar al aeropuerto internacional "David Ben Gurión", en Tel Aviv, fue el punto donde se fundió de nuevo la realidad con una especie de fantasía persistente. Es como "saber conscientemente que estás allí," pero con la sensación de que al mismo tiempo, estás soñando. Al caminar por esas páginas vivas, de la Tierra Santa, y pensar al mismo tiempo en que pudo haber sido ese tramo o el anterior o el siguiente donde el Rabí de Galilea posó sus pies, es algo que estremece. Cuando pensé que los aires, que arropan como un manto de amor a este pueblo fueron agitados, cincuenta días después de su liberación por el estruendoso suceso que tuvo lugar en las cumbres del Sinaí ante 600 mil testigos que esperaban allí abajo, cuando evoqué la oración de Elías y la respuesta de Dios ante los Sacerdotes de Baàl, cuando pensé que en alguna parte de los cielos que cubren esta tierra bendita aún flota y se extiende por todo el mundo la respuesta de oro que liberaba a una mujer prostituta de la cadena de la esclavitud espiritual, **"ni yo te condeno,"** y cuando pensé en la voz que desgarró los aires que dan vida a la tierra de Israel diseñando también los cimientos de nuestra fe,: **"Padre perdónalos porque no saben lo que hacen,"** fue cuando ya no pude contenerme mas y levanté mis manos al cielo, como lo hice muchas veces, y al hacerlo me dí cuenta que no lo hacía sola, muchos que en silencio me acompañaban también tocados por la mano de Dios lo hacían conmigo.

La mas notable característica de Tierra Santa, es ver como la tecnología que embellece a algunos sectores del Israel actual, con grandes y numerosos edificios diseñados con la mas moderna arquitectura, en especial en la ciudad de Tel Aviv, así como la redes viales que unen todos los puntos del país, sin omitir, por supuesto, lo verde, tupido y hermoso de su floresta, de sus cultivos, entre otros, frutas y flores cuya calidad y delicia aseguran la economía del mercadeo internacional que Israel mantiene con otros países, hacen difícil creer que esto que ves aquí, una vez fue un desierto árido y sin vida, tan árido como ese desierto cercano a Jericó y que mas allá de todo lo que no es Israel se puede distinguir a simple vista. Tierra de bendición y vida por un lado, y por el otro aquella superficie árida donde solo se levanta el polvo del desierto.

Y que decir de los "Testigos Mudos" que han desafiado el paso de los siglos, "las murallas de Jerusalén", la "Puerta Dorada", la "Torre de David", "los lugares Santos donde yacen los cuerpos de los servidores del Eterno". Todo ello bajo la sombra del lugar amado por todos los judíos de todo el mundo, el punto de reencuentro con la "divina Presencia" "El Kotel HaMaaraví", el Muro Occidental, conocido como "El Muro de los Lamentos."

Como queda asentado en otra parte de mis relatos, hasta ese "Muro de los Lamentos" se extendió mi mano, y busqué un pequeño espacio, entre los grandes bloques de piedra que lo forman, para depositar allí una carta dirigida a los cielos. Al paso de los años he sido testigo de las respuestas y con la ayuda de Dios no me iré de éste mundo sin ver las que faltan plenamente cumplidas!

A través de éstos comentarios introductorios te saludo y te bendigo. Y si alguna vez sientes que nace el deseo en tu corazón por visitar la tierra Santa de Israel, prepárate para ir allá. Pues cuando la fuerza de la fe hace madurar tu deseo, los cielos conspiran a tu favor para que tu deseo sea cumplido…! Recuerda que en el lenguaje del alma, Dios manda primero el satisfactor y después el deseo..! Cómo puede ser esto..? te preguntarás. Cómo puedo desear ir si nunca he estado allá..? Nadie puede desear lo que no conoce.

Pero déjame decirte que el creyente amante de la lectura de la palabra de Dios, llega a ver no sólo letras impresas en sus hojas, sino imágenes que esas letras van construyendo y que en los relatos de la Sagrada Escritura cobran vida. Es una de las muchas bendiciones de leer y familiarizarte con la lectura de la palabra de Dios. Tus ojos recorren las letras, pero tu alma está allá. Es un hecho natural que esta unión es y será permanente, porque cuando aceptas la gracia, llegas a darte cuenta que muy cerca de la ciudad vieja de Jerusalén, una tarde sombría, alguien que ahora tu conoces muy bien, moría en tu lugar pensando en tu nombre, uniendo a la obra de la Redención tu vida y tu destino. Por eso al llegar a esa tierra bendita y ser testigo presencial del monte donde tuvo lugar el evento que cambió la historia del mundo y de paso la trayectoria de tu propia vida, sientes que tu alma se estremece de asombro y gratitud. Es posible, cuando estás allí, cerrar tus ojos y reproducir en la pantalla de tu mente las nubes negras, la multitud expectante y silenciosa, y la cruz del sacrificio, esa misma que la resurrección convirtió tres días después, en trofeo de victoria.

Yo pido a Dios, desde éstas líneas que su bendición descienda sobre ti, para que algún día, en el programa perfecto de los cielos, tu también bajes de un avión en el Aeropuerto David Ben Gurión en Tel Aviv, y empieces a protagonizar tu propia aventura gloriosa que hará que tu vida nunca jamás vuelva a ser la misma.

Te lo deseo de todo corazón. Ve preparando tu equipaje para ese viaje para que estés listo cuando llegue tu día. Dios hará lo demás. Amén.

Salida Octubre 4 - 1993

(Pergeñando sin orden, emociones y memorias en el lugar donde se encendió la luz al mundo desde una cruz y para siempre.)

-5-

La realidad siempre superó la expectativa.

Salimos el grupo de 65 personas el día 4 de Octubre de 1993 en el avión "Alitalia" de los Ángeles, CA. a Roma, con escala en Milán a las 8:30 P.M. para otro día continuar hacia Tel Aviv, Israel.

Al llegar a Roma nos hospedamos en el hotel "Satellite Palace". Ibamos 400 pasajeros.

En el avión nos dieron almohada, cobija y pantuflas. Como a las 10 P.M. nos dieron cena. Pollo, ensalada, postre, soda y café. Siendo las 7 de la mañana en California, en Italia eran las 5 de la tarde.

Llegamos a las 4 P.M. a Milán, y de Milán a Roma hizo el avión 45 minutos.

Llegamos al hotel "Satellite Palace" a las 7:10 P.M. para pasar la noche, y otro día continuar el viaje.

-6-

Llegamos a Tel Aviv, Israel, al aeropuerto "Ben Gurión" por la tarde, a la puesta del sol.

Nos recibió el guía llamado en árabe: "Bichara" - significa "anunciación". Le dicen "pepe".

Habla muy bien el español. En el camino a Galilea pasamos por las llanuras de Edredón. Eran las 8:00 P.M. hora de Israel.

También pasamos por el monte Tabor o de la Transfiguración.

Tuvimos un viaje y una llegada muy feliz, gracias a Dios. Nos recibieron con un sombrero y un mapa de la tierra Santa y nos hospedamos esa noche en el hotel "Ramat Kinneret Menorah Tiberias."

Nos dieron una cena típica, suculenta y deliciosa. Gracias a Dios.

El pastor Juan Carlos Ortiz me escribió en el cuaderno estas palabras: "Que la gracia de Dios te llene en cada lugar que le recuerdes.!"

Continuamos el camino pasando por toda la llanura Sharon, cerca de la ciudad de Cesárea Marítima, pasando por la vía Mares entrando en las llanuras de Edredón pasamos debajo del monte Tabor y llegamos después a Tiberiades, Galilea o Genezareth.

-7-

20 minutos para las 7 A.M. estuve frente al lago de Genezareth. Allí estuve hospedada en el hotel "Ramat Kineret."

A las 8:05 A.M. salimos el grupo en el autobús que nos llevó hasta el mar de Galilea. El mar de Galilea tiene 21 kilómetros de largo, 11 kilómetros de ancho y 45 metros de profundidad.

El agua en Galilea es dulce y buena. Hay 3 ríos. Ocho kilómetros al norte está el alto monte de "Hermón", ahí siempre hay nieve. Llegamos después al hotel "Plaza Moria", en la ciudad de Tiberiades, todo en calma.

El Señor pasó algunas veces el mar de Galilea. Tomamos el barco para cruzarlo. Allí el Señor llamó a Pedro, Juan y a Andrés, también dijo la parábola del Sembrador, llamó a Mateo el publicano y sanó al gadareno.

Jesús durmió en el barco. Dijo las parábolas en la orilla del mar, multiplicó los panes.

El mar de Galilea colinda con el monte Hermón.

En el barco, el pastor Juan Carlos Ortiz, leyó Lucas 5, la pesca milagrosa, del versículo 1, al 11.

"Boga mar adentro."

Leyó también en el barco Mateo 8: 23 -27

Jesús calma la tempestad.!

Cuando terminó el pastor de leer nos pusimos a cantar en el barco: "No hay Dios tan grande como tu.!", "Alabaré a mi Señor.!" y "El Pescador.!" Enseguida bajamos del barco y llegamos para conocer los "Kibbutzim", (éstos son una cooperativa agrícola comunitaria). El Kibbutz nació en el año 1934. El Lema es: "Uno para todos y todos para uno".

Todos tienen que trabajar. Son de 150 a 200 personas las que viven, en el Kibbutz.

Nueve personas dirigen pero también trabajan. Los cambian cada cuatro años. En cada casa viven cuatro familias.

Las mujeres jóvenes, cuando cumplen 18 años prestan servicio militar 1 año y los hombres 3 años.

En Israel hay 280 Kibbutzim. Viven bien pero no fuera. Se deben al Kibbutz y a su programa.

Hay muchas plantaciones de una variedad increíble de árboles frutales. Entre ellos palmeras, platanares, olivos, vides, naranjos, manzanos así como una gran variedad de flores etc. todo ello de una calidad reconocida ampliamente a nivel internacional.

Nos dirigimos a Capernaum. Se llamaba "La Llanura de Genezareth". Por allí caminó Jesús.! Llegamos al "Monte de las Bienaventuranzas". Leyó el pastor Juan Carlos Ortiz, Mateo 5 del 1 al 12.

En ese lugar se construyó una capilla, donde el Señor pronunció el sermón del Monte. Se llama "Capilla de las Bienaventuranzas". Enseguida pasamos al lugar de la multiplicación de los panes y los peces.

-8-

Entramos después a una iglesia moderna donde se cree que ocurrió ese milagro. Están las ruinas de la casa de Pedro y sus vecinos. Pasamos a visitar las minas de la ciudad de Capernaum, ciudad escogida por Cristo.

Hizo mas de 35 Milagros, alrededor venían de Magdala, Corasín, de Betzaida, venían a escuchar las enseñanzas de Cristo. En ese lugar. el Señor mandó a Pedro para que sacara la moneda para pagar los impuestos, llamó a Mateo, el publicano.

El Señor llamó a los discípulos para que le siguieran. En ese templo, el Señor sanó a la suegra de Pedro.

Están pues las ruinas de la casa de este discípulo y la de sus vecinos. Miré las ruinas de la Sinagoga donde Cristo predicaba. Todas son ruinas pero de grandes recuerdos de mi Salvador.!

Jesús hablaba el arameo y el hebreo.

Saliendo de Capernaum vimos el río Jordán pasando por todos los alrededores del mar de Galilea.

Pasamos por el Puente de Golán, o sea, el nacimiento del Río Jordán.

Entramos a Siria, pasando por donde fue la guerra de los seis días. Allí recordamos a Ben Gurión y Golda Meir, dos grandes personajes entre los fundadores del moderno estado de Israel.

Llegamos al Rió Jordán, de tantos recuerdos maravillosos.!

-9-

El Bautismo de Jesús, Elías, Eliseo y cuantas cosas mas.! Pero para mi, fue allí donde tuve el privilegio de renovar mis votos con el Señor. Fue en el Rió Jordan donde me bautizó el pastor Juan Carlos Ortiz, a las 12 P.M. de Israel.

El Señor nació en Judea y vivió en Galilea. Su ministerio fue maravilloso.!

(Mateo 17: 1-1)

Pasamos por el Monte Tabor, Tiberiades alta, donde Cristo tomó a Pedro, Jacobo y Juan y se transfiguró delante de ellos y aparecieron Moisés y Elías. En el río Jordán también se escuchó la voz: "Este es mi hijo amado en quien tengo complacencia, a el oíd."

Pasamos por Nazaret donde los discípulos arrancaban espigas de trigo, restregándolas con las manos y comían el trigo. (Lucas 6:1).

Pasamos por Canaá de Galilea, para la renovación de matrimonios, nos regalaron una copita de vino de la misma ciudad que es donde hacen el vino. Es Hermosa Canaá de Galilea.!

Llegamos a Nazaret. Antes era una aldea pequeña. Nazaret tiene 50 mil habitantes. Aquí en Nazaret el ángel le anunció a María del nacimiento del Mesías.!

Es precioso ese lugar.!

-10-

Al llegar a la aldea, en la que en los tiempos de Cristo había nada mas que unas 15 o 20 casas, la gente venía en busca de trabajo. Trabajadores como José el carpintero. Al rededor había bastantes pueblos. En esa aldea, se le apareció a María el ángel Gabriel.

Jesús vivió allí casi 18 años. Está un templo en este lugar que se llama "Templo de la Anunciación", donde, según la tradición, el ángel se le apareció a la virgen.

Entramos al segundo piso, allí me retraté con un sacerdote llamado Rafael. Pasamos por un pueblo llamado "Almachad" en el que según la tradición vivió Jonás.

Llegamos a Canaá de Galilea, donde el Señor convirtió el agua en vino. El pastor leyó: Juan 2: 1 - 12

Salimos de Galilea rumbo a Jericó. Divisamos el monte de la tentación de Jesús. Jericó es una ciudad rica. Es un oasis. Hay allí la mejor fruta de Israel.

Pasando por esos lugares, es donde el Señor tuvo el encuentro con la Samaritana. El pastor leyó: Juan 4. Ese es el lugar donde cristo curó a los 10 leprosos. (Lucas 17: 12-19)

NOTA: (Fueron de 100 a 125 kilómetros lejos de la ciudad para mostrarse ante el sacerdote, para que comprobara que habían sido limpios.

-11-

Pasamos por las hermosas montañas donde David llora y maldice a las montañas de Hebrón.

Seguimos al sur del Jordán por carretera y en 5 minutos aproximadamente, pasamos por Jordania. Recorrimos la frontera entre Jordania e Israel.

En la carretera hay un cerco de alambre y ruinas. Cerca de las 10A.M., entramos en Jordania.

Pasamos por un estrecho del Jordan donde pasó Moisés.

La lluvia comienza desde el 15 de Noviembre hasta el 15 de Abril. Los judíos oran cada año por lluvia para que se rieguen las plantas, al terminar la festividad de Sukkot. Todo el camino rumbo a Jericó es desértico.

Jesús, yendo a Jerusalén pasó a medio día por Samaria, cerca de Sicar, junto al pozo de José.

"La salvación viene al mundo a través de los Judíos." (Cristo).

En carretera pasamos por Visana, (1a. de Samuel 3: 13), donde sepultaron los huesos de Saúl y sus hijos. Los sepultaron debajo de un árbol en Jabes. Por esa Montaña pasamos por donde quedó colgado Abshalóm, hijo de David.

Dejamos la tierra de Israel y entramos en territorio de Jordania. Allí el terreno es árido. Cultivan una vez al año. Casi no hay agua. Miré tanques de guerra y trincheras enterradas.

-12-

Alguien del grupo le preguntó al pastor Ortiz: "¿cual es la tierra prometida?" Le contestó: "desde que bajamos del avión estamos en la tierra prometida, Israel.!"

Llegando a Jericó hay cuevas naturales y esas las usan los pastores. De Galilea a Jericó hay 125 Km., (lo que caminaron los leprosos). Continuamos por carretera rumbo a Jericó. Encontramos camellos en el desierto y unos carros especiales cargados con lindas ovejas.

Llegamos a las 10 A.M. a Jericó, por donde entró Josué, por el Monte Nebo. Miré el monte de la tentación, cuando el Señor ayunó.

Me retraté en las ruinas mas antiguas del mundo. Hay allí tres ciudades. Una de ellas es la ciudad de Jericó.

Cantamos el coro: "Los muros caen!" mientras frente a nosotros estaba el monte Nebo, donde Josué puso 12 piedras y donde murió Moisés después de divisar a lo lejos la tierra prometida.

Antes de dejar Jericó, vimos una fuente de agua que se llama la fuente de Eliseo. El pastor Juan Carlos Ortiz leyó Lucas 19: 1-10, mientras llegábamos a un sicómoro. También leyó Lucas 18: 35-43, cuando sanó al ciego que estaba junto al camino de Jericó.

Gaza es la ciudad que, el gobierno de Israel regresó a los Palestinos, al firmarse los acuerdos de Oslo en 1994.

-13-

Pasamos en carretera por el lugar donde Jesús pasó de Jericó a Jerusalén y de Jerusalén a Jericó. Es un desierto hermoso, alto e imponente.

Atravesamos el desierto de Judea. Subimos un monte alto. Retraté un convento donde viven cinco monjas.

Me retraté al lado de unos camellos. Después continuamos el camino. Lucas 10: 25-35. Atravesamos el desierto de Judea, donde ocurrió lo relatado en la parábola del samaritano.

En el desierto hay tiendas de Beduinos. La mujer es la pastora y viven como en la época de Abraham.

Desde allí empezamos a divisar Jerusalén. Está a 800 metros sobre el nivel del mar **(Jerusalén de Oro)**

Cantamos todo el grupo:

> **Jerusalén, Jerusalén, alza tus puertas hoy y canta Hosanna..!**
> **Hosanna..! a tu Señor..!, Hosanna en las Alturas..!**
> **Hosanna..! a tu Señor..!**

Eso fue lo que cantamos cuando íbamos entrando a la ciudad Santa. Estuvimos en el monte de los Olivos, Atravesamos el Torrente de Cedrón llegando al monte Moriah.

Pasamos por la calle Damasco con rumbo al lugar de nacimiento de Cristo pasando por donde estuvieron los pastores.

-14-

Alrededor de la ciudad vieja de Jerusalén hay 8 puertas. Algunas de ellas se dice que fueron hechas por Suleimàn:

1.- Puerta de Herodes
2.- Puerta de Damasco
3.- Puerta nueva
4.- Puerta de Yaffa
5.- Salmo de David. Dentro del muro de las lamentaciones. Hebreo: (Kotel Hamaarabi) que significa muro occidental.
6.- Puerta de los desechos
7.- Puerta de Oro. Esta puerta, preciosa y hermosa está cerrada hasta que el Mesías entre.
8.- Puerta de San Esteban. (Tiene 5 nombres): María, León. Ovejas, Betsaida

Juan 5, 1 al 6. 12 Tribus.

Pasamos por el Valle del Infierno o Henna.

Saliendo de Jerusalén, al sur, siguieron el camino José y María a Belén. En aquel tiempo eran caravanas. No había carretas. En el camino a Belén cantamos **Noche de Paz**.

Belén tiene casi 40 mil habitantes. Su nombre en hebreo es Bet-Lejem que significa: "Casa del Pan". Llegamos al campamento de los pastores. Miré las montañas de Moab y recordé a Ruth. Era en Septiembre cuando cosechaban el trigo.

Llegamos a la gruta original, natural donde llegaron los pastores. Se llama "Gruta de los Pastores

-15-

En Jerusalén la ciudad eterna con unos soldados del ejército de Israel

Llegando a Belén están los vestigios de lo que fue una Iglesia considerada la mas antigua del mundo. Del siglo IV. Ha sido restaurada 3 veces. En Belén está la Iglesia de la Natividad. Cuando pasamos, un sacerdote borracho, golpeaba a otro sin piedad. Una hermana del grupo, acompañada por algunos mas intervino. El agresor huyó y el agredido fue auxiliado por otros sacerdotes que vinieron en su ayuda y enseguida cerraron la puerta. Eran las 4:25 P.M.

-16-

Sábado 9 de 1993

Dentro de las murallas de la ciudad de Jerusalén hay 25 mil habitantes.

Estuve en el Muro de los Lamentos, día Sábado. Miré la reverencia con que adoran a Dios. Puse la carta de mi hijo Rubén en el Muro y oré a Dios, por la paz de Israel, mi familia y demás.

Estando sobre el monte Moria donde Abraham habitó con Sarah y luego engendró en Agar a su hijo Ismael, miré las ruinas o restos de los muros que reconstruyó Nehemías. Está prohibido tomar fotos.

Donde me retraté primero, fue en un área de los Musulmanes. La segunda foto fue en la Mezquita de Oksa.

La tercera foto me fué tomada en la Mezquita de Omar. Me retraté en el área Islámica porque los Judíos están orando para construir precisamente en éste lugar el Tercer Templo.

Según la tradición Musulmana allí esta la piedra original donde Abraham iba a sacrificar a su hijo.

Para visitar esos lugares tiene uno que quitarse los zapatos, ir vestida decentemente. No está permitido a las mujeres ir vestidas en pantalones ni shorts, ni camiseta deshonesta porque no las dejan entrar. Tienen mucha reverencia los fieles musulmanes que oran allí. Al salir, se lavan las manos y los pies.

Vamos entrando rumbo a la Vía Dolorosa. Entramos en el pretorio de Pilato. De cerca miré las tumbas de Abshalom y Jeremías.

-17-

En el Bus de Jerusalén fuimos a comer a Belén. Eran aproximadamente las 12:30 del día. Después de una suculenta comida nos trasladamos en un bus de Jerusalén llegando en pocos minutos a la tumba del jardín de José de Arimatea, donde se dice que está la verdadera tumba de Jesús.

A las 2:30 llegamos al monte de la Calavera, Gólgota.

Por este lugar fue donde apedrearon a Esteban. Por allí pasa también el camino principal que fue recorrido hacia el Gólgota. Cuando crucificaron al Señor, hacía mucho calor. Todo allí es pura roca. Salomón tomó roca de éste lugar para la construcción del Templo. Entre el terreno rocoso se divisa a lo lejos la forma de una calavera.

Continuamos hasta llegar a la tumba donde sepultaron al Señor. Juan 19: 41. Llegamos al jardín.

Saliendo del Gólgota fuimos al Huerto de Getsemaní, palabra Aramea que significa "Molino de Olivo"

Hay olivos desde el tiempo de Cristo. Allí el Señor venía a orar.!

El Señor atravesó el Torrente de Cedrón. Vino a la gruta y tomó a Pedro, Jacobo y Juan, donde dijo: "Padre! Si es posible pase de mi este cáliz..."

Dentro del templo cantamos: "La Sangre de Cristo me salva, me sana."

Hay allí olivos que tienen mas de 2 mil años. Está comprobado científicamente.

Faltando 10 para las 4P.M. fuimos a comer a Belén. Comida vegetariana, muy rica..!!

-18-

Día 10. Domingo

Antes de salir rumbo al mar muerto, tuvimos un servicio con el pastor Juan Carlos Ortiz. Leyó Mateo 26.

El perfume de alabastro lo guardaban las mujeres para el día de su boda.

Hay veces que en esta vida podemos estar muy acompañados, pero en los momentos cruciales estamos solos.

Cantamos el coro del himno: "El amor de mi Jesús"

"El amor de mi Jesús, grande y dulce es mas y mas..!

rico e inefable, nada es comparable, al amor de mi Jesús..!"

GETSEMANI

Que era la copa? Lo que había en esa copa, mas que la cruz, todos los pecados de la humanidad se los ponen a Jesús.

Elí..!, Elí..! Jesús nos dio perdón y santidad.

Tuvimos otro guía árabe llamado Amin, que significa: Amen. Salimos para visitar el monte Zion, para visitar la tumba del rey David. Pasando por Siloh, llegamos al monte Zion, la ciudad de David. "Zion" significa: "Ciudad Santa", "Jerusalén"

Visitamos la sala del cenáculo. Llegando al Aposento Alto donde se reunieron los 120, para recibir o esperar la llegada del Espíritu Santo, después de la Pascua, 10 días de espera. Y desde la escalera Pedro predicó con poder y 3 mil personas fueron salvas.!

Allí tuvimos el privilegio de orar en el Aposento Alto y leyó el pastor Juan Carlos Ortiz, Hechos 1: 2

-19-

A las 10 A.M. fuimos rumbo al **Monte de los Olivos**, atravesando el Valle de Cedrón (Josafat), desde donde el Señor ascendió al cielo.!

Estuvimos en el lugar donde el Señor enseñó el "**Padre Nuestro**", y desde arriba tomamos fotos de Jerusalén.

Salimos rumbo al mar muerto que tiene 400 Mts. Bajo el nivel del mar, 76 Km. de largo y 16 Km. de ancho.

A larga distancia huele a azufre.

Es creencia común que allí quedaron sepultadas las ciudades de Sodoma y Gomorra. Creen que un terremoto hizo eso y fuego y azufre que cayó del cielo.!

En el desierto de Judea hay muchas tiendas de beduinos, nómadas como en la época de Abraham. Pasamos después por la posada del buen samaritano. Cruzamos por el desierto de Judea y también por las montañas de Moab.

Llegamos a Engadi, (Cantares 1: 14), fuente de los cabritos. Es un lugar desértico de Judea, al oeste del mar muerto.

Hay muchas palmeras hermosas, uvas, viñas. (Quiere decir lugar de las parras). Visitamos la Cueva de Siclag, en EnGadi, (1a. de Samuel 24), donde David le perdona la vida a Saúl. Le cortó un pedazo del manto.

Allí en EnGadi comimos. Llegamos después al mar muerto donde me bañé.

Primero me froté con lodo y después me fui a flotar al mar!

Miramos una cueva llamada "Majar Heber", esto fue de regreso de EnGadi a Jerusalén. Pasamos por el Jordan hacia Jordania.

Esta tumba está vacía, pero no es una tumba cualquiera es el símbolo de la "muerte de la muerte."

-20-

LUNES 11

De Jerusalén a Raffa, vamos ya bordeando la frontera de Raffa para llegar a un Oasis, El Arick.

Parte de Europa: Roma

Medio Oriente: Israel

Egipto: cairo

Oriente: Sinaí, frontera Sur.

Con Egipto parte Norte de África.

2:30 horas de camino de Jerusalén a Raffa.

LEYES (En Egipto: Si alguno viola a una mujer, inmediatamente lo ahorcan.)

Egipto tiene 60 millones de habitantes. (17 millones en el Cairo). La educación es gratuita. Egipto es un país que está en medio de Oriente y África. (Visitamos Europa, Medio Oriente y África).

En Egipto el agua de grifo no se puede tomar, uno la tiene que comprar.

El mar de Galilea recibe agua del Jordan. Es una bendición. Hay mucha vegetación. Hermosa Galilea.!

En el mar muerto, los peces al llegar mueren a los 10 segundos.! Lo rodea una zona desértica. No hay vegetación.

-21-

El mar muerto tiene minerales, azufre, tiene mucha riqueza y como dije anteriormente se cree que allí están sepultadas las ciudades de Sodoma y Gomorra. Al mar muerto se le llama: **"Mar de Lot"**. Pasamos después por el camino donde transitaron José y María de Jerusalén a Egipto, por donde los Magos también fueron preguntando por el niño.

En el Oasis "Arick" que es el único que hay de Jerusalén a Raffa, la sagrada familia llegó a descansar para continuar.

Pasamos por una ciudad nueva **"Natania"** de emigrantes nuevos que Israel necesita prepararlos y educarlos. Fuimos después rumbo a Escalón. Es una de las mas fértiles tierras.

La frontera de Israel con Egipto es un lugar poco abandonado. Pasamos cerca de Gazza donde nació Samson, pasando por una zona, que en los tiempos bíblicos pertenecía a los Filisteos.

DALILA: tipo del mundo.

SAMSON: tipo del creyente mundano.

-22-

Este dia fue muy especial, entre otras cosas, porque entonamos todo el grupo dirigidos por el pastor Juan Carlos Ortiz el himno "Tierra de Palestina" rodeados por el aire de ese lugar y bajo el cielo de lo que hoy es la tierra de Israel. Cantarlo en esas condiciones no fue muy fácil, las emociones estaban en contra nuestra. Pero nuestra alma regocijada se unió a nuestro canto.

-23-

Hicimos mas de 2:30 hrs. en cruzar la frontera entre Israel y Egipto. El agua no se toma y no se puede utilizar ni para uso personal. Tiene uno que comprar agua embotellada a $1.00 DLL. la botella de 1 litro. Es increíble pero cierto. Estoy en Egipto.!

Ahora el Nuevo guía asignado se llama Ismael. El conductor es Kammal.

Llegamos al desierto del Sinaí. Tiene 63 mil kilómetros y se divide en dos provincias: Norte y Sur.

Al norte: El Arick, al Sur: Toar

Por este desierto pasaron José y María. Le llamaron: **La Tierra Sagrada**. Hay allí minas de turquesa. La temperatura varia de 17 - 18 (Gr. Cent.) Norte y 30 - 32 (Gr. Cent.) Sur

Cruzamos una franja del continente de Asia. La lengua oficial de Egipto es el Arabe. Hay allí muchos mangos, peras, higos y un millón de palmeras..!!

El hotel está a la orilla del mar Mediterráneo.

A las 6:20 P.M. me metí al mar y desde allí contemple extasiada las grandezas de mi Salvador...!!!

En Egipto llueve 4 veces al año, nada mas. El nombre del hotel era Egoth Oberoi "EL ARISH NORTH SINAI, EGIPTO."

Muy buen hotel, bonito y buena comida. Todo esto a la orilla del mar Mediterráneo.

-24-

"MARTES 12"

Salimos de Egipto a las 8:25 A.M. rumbo a Cairo. Fuimos por la orilla del Mediterráneo.

Hay ciudades nuevas. En el desierto del Sinai. El agua es dulce. En el Sur del Sinai hay valles y montañas, arena, desierto, donde los camellos andan felices en su lugar.

Sinai significa desierto de dientes. **SINUM SHINAN**

Ahí hay oro, turquesas, lápiz làzuli. Hay muchos beduinos en el desierto. Las mujeres beduinas cuidan el ganado y los hombres trabajan textiles.

Los beduinos toman leche de cabra y de camello. La arena del Sinai es blanca. Trabajan el vidrio. Hay minerales como magnesio fosfato. Hay petróleo (2500 barriles al día). Hay muchas palmeras. Los beduinos usan ropa larga. Usan también una argolla en la nariz.

-25-

Seguimos cruzando el desierto. Los beduinos usan mucho el escarabajo. Dicen que es buena suerte.

El vestido que usa la mujer beduina es negro llega hasta los tobillos. Le añaden un cinto blanco si la beduina es soltera. Un cinto rojo si es casada y si es viuda un cinto negro.

Por el desierto hay una tempestad muy fuerte del 1º de abril al 20 de mayo al grado que cierran la carretera. Esa tempestad se llama: "Jamacin".

Los camellos cruzan el desierto en casi 3 semanas, sin comer ni beber. Caminan 50 Km. por día.

Los beduinos ocupan una nodriza para tener el bebé.

Nos dieron jugo de "CARCADE" que usan para curar nervios y alta presión. Es una hierba.

De acuerdo con la ley civil a los que fuman droga los encarcelan y pena de muerte para el que vende droga o viola a una mujer. En el desierto hay unas plantas llamadas: acacias del desierto.

-26-

Pasamos por una pequeña ciudad llamada: "El poso del esclavo"

Costumbres: Los hombres al saludarse se dan un beso en la mejilla.

Cerca del Cairo es donde los egipcios tenían al pueblo de Israel, en esclavitud, haciendo ladrillos.

Llegamos al Canal de Suez. Comunica al Mar Rojo con el Mediterráneo. En 1869 lo inauguraron.

Divide el continente de Asia y el continente de África.

Lo cruzamos en el barco Ferri. Tiene aproxímadamente 183 Km. De largo 100 metros de ancho y 20 mt. de profundidad.

Hay un túnel para los carros.

Pasamos el desierto oriental de Egipto. Hay allí muchos eucaliptos. (Está también del otro lado el desierto occidental, y también el Sahara). El río que viene de Sur a Norte es **el Río Nilo.**

CAIRO significa: Conquistador. Trabajan la leche de búfala.

Llegamos a Cairo a la 1:00 P.M.

-27-

Los primeros Cristianos no podían celebrar sus cultos porque estaba prohibido. Hoy en día si tienen libertad de hacerlo.

El símbolo de la cruz Copto Cristiana es (La Trinidad, los 12 Apóstoles, y los 4 Evangelios) Hay 365 Iglesias. Una por cada día del año.

Se menciona que hubo un gran Faraón que hizo muchos templos, que tuvo 98 hijos varones, 106 hijas mujeres y murió a los 98 años.

Trabajan de sábado a jueves. El viernes descansan. La moneda oficial es la libra egipcia que valía por aquel entonces 3.30 libras por $1.00 Dll.

El río Nilo tiene 6,800 Km. de largo.

En la tierra de Gosén, donde dicen haber encontrado la canastilla de Moisés, pasamos una noche feliz, teniendo un banquete en el barco, por el río Nilo.

DIA 13 DE OCTUBRE

Una de las Maravillas del Mundo antiguo. Fuimos a las Pirámides

1. La mas grande se llama Keops. Tiene 146 MT. de alto. Cada piedra pesa 2.5 Ton. Su construcción tardo aproximadamente 30 años.
2. Kefren. Tiene 136 MT. de alto.
3. Mikerinos. Tiene 66 MT. de alto.

Existe allí un templo antiquísimo. Tiene piso de alabastro y piedra de granito.

-28-

DIA 14

Nos levantamos a las 3 de la mañana para estar listos para salir al aeropuerto y dirigirnos a Roma. Por supuesto que en Cairo estuvimos hospedados en el hotel **"El Gezirah Sheraton"**. Muy a gusto. Salimos de Cairo a las 8:30 de la mañana, llegando a Roma a las 10:30, (hora de Roma). Tuvimos un buen viaje Gracias a Dios. Dormimos una noche en el hotel; **"Satélite Palace"**

DIAS 15 y 16

Pasamos dos noches en Roma en un buen hotel. El hotel "MICHELANGELO." Me tocó el cuarto No. 116.

Estuvimos conociendo y paseando por la ciudad de Roma de noche.

Conocí el templo de San Pedro y San Pablo, según la historia. Donde está ese Templo es el lugar donde decapitaron a Pablo Apóstol. Ese lugar estaba a 5 Km. fuera de la ciudad. Hoy está todo poblado.

También conocí el Templo de San Pedro, según la historia, se dice que allí crucificaron a Pedro con la cabeza hacia abajo.

Visité el museo donde se encuentran infinidad de esculturas y las pinturas de Miguel Ángel. Lamentablemente no dejan tomar fotos.

-29-

Conocí los cuartos del vomitum en el Coliseo Romano, recordando a mas de 10,000 cristianos que dieron su vida por Cristo.!

DIA 17 - DOMINGO

Me levanté a las 4:00 A.M. para alistarme y terminar de arreglar maletas para el regreso a los Ángeles, Ca, por la misma línea que nos había traído, "Alitalia".

En el hotel nos desayunamos a las 7:30.

El pastor Juan Carlos Ortiz leyó Romanos 1 y después oramos encomendándonos a Dios, saliendo al aeropuerto de Roma a las 8:00 A.M.

En el camino al Aeropuerto, el pastor cantó "Como mi Dios no hay Dios como mi Dios".

En realidad, todo fue como un sueño para el resto de mi vida.

Salida: 10/4/1993 - Regreso: 10/17/1993

Gracias a Dios y a mis hijos por esta bendición que enriqueció para siempre la experiencia del viaje de mi vida que aun continúa.

María Rebeca Arredondo Gonzáles.

Printed in the United States
By Bookmasters